主编

房地产传统营销与网络营销实战全案

REAL ESTATE

化学工业出版社
·北京·

《房地产传统营销与网络营销实战全案》分为两部分：第一部分传统营销，内容涵盖房地产销售代理、房地产广告营销、房地产展会营销、房地产活动营销、房地产品牌营销五个章节；第二部分网络营销，内容包括房地产网络营销概述、房地产网站营销、房地产微博营销、房地产微信营销、房地产O2O营销、房地产大数据营销、房地产软文营销七个章节。本书在描述传统营销和网络营销的模式、方法、技巧之外，还提供了大量的范本和知名企业的案例供读者参考学习。

本书实用性强，着重突出可操作性，书中有着大量实战范本，可帮助房地产开发管理全过程中的相关人员提升工作能力，也可作为房地产企业开发与管理的参考，为企业创造价值、发挥更大作用。

图书在版编目（CIP）数据

房地产传统营销与网络营销实战全案/张嘉卿主编．—北京：化学工业出版社，2018.1(2020.4重印)
ISBN 978-7-122-31092-7

Ⅰ.①房… Ⅱ.①张… Ⅲ.①房地产市场-市场营销学②房地产市场-网络营销 Ⅳ.①F293.35

中国版本图书馆CIP数据核字（2017）第292298号

责任编辑：陈　蕾　　　　　　　　　　装帧设计：尹琳琳
责任校对：李　爽

出版发行：化学工业出版社（北京市东城区青年湖南街13号　邮政编码100011）
印　　装：大厂聚鑫印刷有限责任公司
710mm×1000mm　1/16　印张14　字数242千字　2020年4月北京第1版第3次印刷

购书咨询：010-64518888　　　售后服务：010-64518899
网　　址：http://www.cip.com.cn
凡购买本书，如有缺损质量问题，本社销售中心负责调换。

定　　价：68.00元　　　　　　　　　　　　　　　版权所有　违者必究

前 言

房地产策划是一项基于市场情况，为房地产项目从项目定位、产品设计到营销定位、推广、销售等一系列工作提供合理化建议和策略以及具体执行，根据市场、产品以及销售要求，根据项目不同阶段、不同情况提供不同的解决方案，是一项综合性很强的工作。

房地产策划贯穿于房地产开发项目建设的自始至终，为项目开发的成功保驾护航。房地产开发项目建设要完成一个项目周期，需要经过市场调研、项目选址、投资研究、规划设计、建筑施工、营销推广、物业服务等一系列过程，这些过程中的某一环节出现问题，都会影响到项目的开发进程，甚至使项目变成烂尾工程。房地产策划参与项目的每个环节，通过概念设计及各种策划手段，使开发的商品房适销对路，占领市场。

房地产策划能使房地产开发商决策准确，避免项目运作出现偏差；能使房地产开发项目增强竞争能力，赢得主动地位；能增强房地产开发商的管理创新能力；能有效地整合房地产项目资源，使之形成优势。

互联网时代是一个掌上传播的社群经济时代，我们可以利用互联网的思维和运用，通过创新和颠覆的力量去改变传统的房地产企业运营方式。互联网的魅力就在于它可以让一个巨型的企业瞬间倒掉，也可以让一个不知名的企业迅速崛起；房地产企业O2O电商营销平台搭建与移动互联网的社群运营，解决房地产企业关于移动互联网的所有困惑，帮助地产企业快速"融网"，解决营销团队移动互联网社交媒体时代的瓶颈。

基于此，我们针对房地产项目的策划阶段和营销阶段两个关键环节，开发了《房地产项目全程策划实战全案》《房地产传统营销与网络营销实战全案》两本图书，旨在为房地产开发商和房地产营销人员提供一种思路和借鉴。本书适合房地产公司董事长、总经理、营销负责人（营销副总、营销总监、销售经理、策划经理、销售主管），作为管理储备力量的优秀营销人员，以及房地产营销策划代理公司总经理、营销总监、销售经理、策划经理阅读参考。

《房地产传统营销与网络营销实战全案》一书分成两部分：第一部分——传统营销，内容涵盖房地产销售代理、房地产广告营销、房地产展会营销、房地产活动营销、房地产品牌营销五个章节；第二部分——网络营销，内容包括房地产网络营销概述、房地产网站营销、房地产微博营销、房地产微信营销、房地产O2O营销、房地产大数据营销、房地产软文营销七个章节。本书在描述传统营销和网络营销的模式、方法、技巧之外，还提供了大量的范本和知名企业的案例供读者参考学习。

本书由张嘉卿主编，在编写整理过程中，获得了许多房地产策划机构、房地产一线从业人员和朋友的帮助与支持，其中参与编写和提供资料的有王高翔、王玲、文伟坚、刘少文、陈世群、李超明、李景吉、李景安、匡五寿、匡仲潇、吴日荣、张燕、张杰、张众宽、张立冬、郭华伟、郭梅、秦广、黄河、董超、姚根兴、靳玉良、鲁海波、鞠晴江、杨婧、何志阳、郝晓冬，最后全书由匡仲潇统稿、审核完成。在此对他们一并表示感谢！由于时间和水平所限，书中难免有不足之处，恳请专家、读者指正。

编者

目 录

第一部分　传统营销

第一章　房地产销售代理 ……………………………………… 2

　　现在的房地产销售已经实现了多元化，除了传统的开发商自己营销之外，另外一种主流方法，就是与房地产销售代理公司合作。随着房地产市场的分工日益细化，房地产代理公司越来越多地参与到房地产行业中，专业的代理公司更受到房地产开发商的青睐且与之合作。

　　第一节　销售代理认知 ………………………………………… 3
　　　　一、销售代理的涵义 ……………………………………… 3
　　　　二、销售代理的优势 ……………………………………… 3
　　　　三、销售代理的模式 ……………………………………… 4
　　第二节　与代理商合作 ………………………………………… 6
　　　　一、适宜代理销售的情况 ………………………………… 6
　　　　二、对代理商的考察 ……………………………………… 7
　　　　三、与代理商合作的注意事项 …………………………… 8
　　第三节　知名房地产销售代理 ………………………………… 12
　　　　一、中原地产 ……………………………………………… 12
　　　　二、21世纪不动产 ………………………………………… 12
　　　　三、链家 …………………………………………………… 12

四、我爱我家 ··· 13

五、满堂红 ··· 13

六、合富置业 ··· 13

七、汉宇地产 ··· 14

八、美联物业 ··· 14

九、中联地产 ··· 14

第二章　房地产广告营销 ·· 15

在房地产开发的各个阶段，广告的身影无处不在，市中心、广场、公交车、报纸、电视、广播、网络等，凡是有人群的地方，皆活跃着房地产广告。生动、形象的广告宣传可以有效地推进销售工作，所以，不管是开发商还是代理商，都会不遗余力地做房地产广告。

第一节　广告营销认知 ·· 16

一、什么是广告营销 ··· 16

二、房地产广告的作用 ·· 16

三、房地产广告的形式 ·· 16

第二节　广告营销策略 ·· 17

一、广告的基调策略 ··· 17

二、广告的诉求策略 ··· 18

三、广告的媒体投放策略 ··· 19

四、广告营销策略的运用 ··· 19

第三节　广告营销模式 ·· 21

一、电台广告营销 ·· 21

二、电视广告营销 ·· 23

三、报纸广告营销 ·· 25

四、杂志广告营销 ·· 27

五、户外媒体广告营销 ·· 28

相关链接：房地产广告发布规定解读 ······························· 33

第三章　房地产展会营销 ………………………………… 36

作为市场经济的产物，房展会的功能和作用逐渐在扩大，并发展到多元化。随着房地产市场的成熟和完善，房展会也受到消费者越来越多的关注，成为消费者购房前了解市场的必要手段和重要渠道。

第一节　展会营销认知 …………………………………………… 37
一、房展会的类型 ……………………………………………… 37
二、房展会的举办时间 ………………………………………… 37
三、房展会的展出目标 ………………………………………… 37
四、影响房展会的因素 ………………………………………… 38

第二节　展会营销要点 …………………………………………… 39
一、展前准备 …………………………………………………… 39
二、展前宣传 …………………………………………………… 40
三、展厅布置 …………………………………………………… 41
四、展会氛围营造 ……………………………………………… 42
五、展会人员管理 ……………………………………………… 43
范本：××地产房交会参展策划方案 ……………………… 43

第四章　房地产活动营销 ………………………………… 48

随着房地产市场的完善和竞争的加剧，房地产活动营销已经成为各大楼盘吸引客户、聚集人气的重要手段。一个楼盘销售可以不做广告，但是决不能不做活动。尤其是对于陌生区域的楼盘，活动营销更是吸引人气、积累客户的最佳选择。

第一节　活动营销认知 …………………………………………… 49
一、活动营销的概念 …………………………………………… 49
二、活动营销的目的 …………………………………………… 49
三、活动营销的形式 …………………………………………… 50
四、活动营销的流程 …………………………………………… 50

第二节　活动营销策划 ·· 51
一、活动营销的定位 ·· 51
二、活动营销的策略 ·· 52
三、活动营销的策划 ·· 53
范本：××地产周末暖场活动方案 ························· 54

第五章　房地产品牌营销 ······································ 57

企业品牌不仅仅是媒体主导之下的知名度，更是一项持续提供超越顾客期望的产品和服务的承诺。企业及其产品要想在竞争对手中脱颖而出，必须拥有独具个性的企业品牌和项目品牌，才能够赢得消费者的关注和信赖。

第一节　品牌营销认知 ·· 58
一、品牌营销的概念 ·· 58
二、品牌营销的意义 ·· 58
三、品牌营销的关键 ·· 60

第二节　品牌营销的要点 ······································ 61
一、品牌经营策略 ··· 61
二、品牌营销策略 ··· 65
三、品牌营销实施要点 ··· 68
相关链接：万达是如何不花钱打造品牌超级IP的 ······ 71

第二部分　网络营销

第六章　房地产网络营销概述 ································ 76

在这个网络营销急速蔓延的时代，将房地产与互联网强势结合，可为购房者提供更多的购房信息，也可为开发商创造前所未见的营销平台。房地产企业选择网络营销，正已成为不可逆转的潮流。

第一节　网络营销认知 …………………………………… 77
一、网络营销的概念 …………………………………… 77
二、网络营销的功能 …………………………………… 77
三、网络营销的方式 …………………………………… 79
四、网络营销的优势 …………………………………… 80

第二节　房地产与网络营销 …………………………… 81
一、房地产网络营销的必要性 ………………………… 81
二、房地产网络营销的作用 …………………………… 82
三、房地产网络营销的优势 …………………………… 83
四、房地产网络营销策略 ……………………………… 85

第七章　房地产网站营销 …………………………… 87

信息时代，互联网给整个社会带来了深刻的影响，同时也改变着房地产行业传统的管理及运营模式。房地产企业可以通过建立自己的站点，或者与地区门户网站合作，来更好地宣传房地产，提供相应的房产服务。

第一节　构建企业网站 …………………………………… 88
一、企业自建网站的好处 ……………………………… 88
二、网站建设的设计原则 ……………………………… 88
三、网站应具备的功能模块 …………………………… 90
　　范本：××房地产企业网站建设运营方案 ………… 91
四、网站建设要点 ……………………………………… 93
五、网站推广步骤 ……………………………………… 94
六、网站推广方法 ……………………………………… 96
　　相关链接：网站推广的常见方法 ………………… 98

第二节　与门户网站合作 ……………………………… 100
一、与门户网站合作的必要性 ………………………… 100
二、门户网站可提供的服务 …………………………… 100
三、与门户网站合作营销策略 ………………………… 102

相关链接：如何与小型网站合作 …………………………………… 103
　四、常见地产门户网站 ……………………………………………………… 104

第八章　房地产微博营销 …………………………… 107

　　信息的高速发展造就了互联网时代，在诸如报刊、广播、电视等传统媒介以外，很多房地产开发商已经开始将企业宣传与产品营销的触角向新媒体领域延伸，而微博营销就是房地产企业寻求新营销策略方式的一个突破口。

第一节　微博营销认知 …………………………………………………… 108
　一、微博营销的概念 ………………………………………………………… 108
　二、微博营销的特点 ………………………………………………………… 108
　三、微博营销的价值 ………………………………………………………… 109
　四、微博营销的模式 ………………………………………………………… 109
　五、微博与房地产 …………………………………………………………… 110

第二节　微博营销策略 …………………………………………………… 111
　一、获得粉丝 ………………………………………………………………… 111
　二、在微博中植入广告 ……………………………………………………… 114
　三、微博内容规划 …………………………………………………………… 117
　四、微博营销活动策划 ……………………………………………………… 120
　　范本：××广场情人节微博营销活动 …………………………………… 122

第九章　房地产微信营销 …………………………… 124

　　随着微信用户的不断普及，微信营销成了继微博之后的又一新型媒体营销渠道。多家房企顺应大势纷纷加入到微信营销大军中，以适应市场日新月异的变化。微信除了作为一种交友聊天工具，逐步走进市民日常生活，也悄然成为房地产营销的新宠儿。

第一节　微信营销认知 …………………………………………………… 125
　一、微信营销的概念 ………………………………………………………… 125

二、微信营销的优势 ·· 125
　　三、微信营销的方式 ·· 126
　　四、微信公众号 ·· 126
　　　　相关链接：服务号与订阅号的区别 ······························ 127
　　五、微信营销的价值 ·· 128

第二节　微信营销战略 ··· 128
　　一、微信营销的战略意识 ··· 128
　　二、微信营销的战略规划 ··· 130
　　三、微信营销的战略观念 ··· 132

第三节　微信营销要点 ··· 134
　　一、粉丝经济 ·· 135
　　二、推广步骤 ·· 136
　　三、图文推送 ·· 138
　　　　相关链接：微信推送图文消息不可忽视的细节 ················· 139
　　四、营销技巧 ·· 140
　　五、微信营销活动策划 ··· 143
　　　　范本：华润国际微信营销活动方案 ······························ 146

第十章　房地产O2O营销 ··· 149

　　如今，互联网已经在房地产融资、采购、设计开发、营销及售后服务环节产生深刻影响。其中，结合互联网在无时间空间限制、及时快速、低成本等方面优势，房地产营销可以变得更为多元、便捷、低成本和高效，呈现出多种多样的线上线下结合的O2O营销方式。

第一节　O2O营销认知 ··· 150
　　一、O2O的概念 ·· 150
　　二、O2O营销的优势 ··· 150
　　三、房地产与O2O ··· 150
　　四、房地产O2O营销 ··· 152

相关链接：O2O模式能否玩转房地产行业 ·················· 153

第二节　房地产O2O营销模式　155

一、传统代理商模式 ·················· 155

二、媒体电商模式 ·················· 157

相关链接：乐居依托互联网平台打造O2O解决方案 ·················· 159

三、大众点评模式 ·················· 159

四、经纪公司平台模式 ·················· 160

相关链接："三个成倍"助力房多多O2O落地 ·················· 162

五、房产金融平台模式 ·················· 163

相关链接：平安好房构建房产O2O闭环 ·················· 164

六、全民经纪人模式 ·················· 164

相关链接：好屋中国线上线下构建O2O闭环 ·················· 166

第三节　房地产O2O营销闭环　166

一、建立线上全渠道拓客平台 ·················· 167

二、设计"掌上"售楼处 ·················· 168

三、打造移动案场 ·················· 169

第十一章　房地产大数据营销 ·················· 172

大数据时代下，平台战略才是中国房地产行业的未来所在，越来越多的房地产企业正在改变关注点，大数据在信息整合和分析方法上的突破将成为关注的焦点。从营销的角度来看，移动互联网提供了海量的数据来源，根据来自不同平台的数据进一步挖掘和分析，找到这些数据相对应的人群，从而帮助房企深挖市场潜在需求。

第一节　大数据营销认知　173

一、大数据营销的概念 ·················· 173

二、大数据营销的优势 ·················· 173

三、大数据在房地产营销中的应用 ·················· 174

第二节　大数据带给地产营销的变化 · 175
一、移动社交媒体改变营销传播渠道 · 175
二、聚客生态冲击传统坐销模式 · 177
三、高获客成本倒逼案场运作升级 · 178
四、政策波动激发交易模式创新 · 179
相关链接：房多多沉淀数据推出"置业专家" · · · · · · · · · · · 180

第三节　大数据时代下的房地产营销 · 181
一、基于价值预测的项目选址 · 181
二、基于客户行为的产品定制 · 182
三、基于客户需求的精准营销 · 183
四、基于物业管理的创新服务 · 184

第十二章　房地产软文营销 · 186

软文营销是企业在销售过程中利用或者创造新闻，以求达到宣传企业或产品的特殊广告表现形式，其操作动机主要是追求商业利益，主要特点是文体介于新闻和广告文之间。当然，一篇上好的营销软文是不会让读者感到有一点点"广告味"的。

第一节　软文营销认知 · 187
一、软文营销概念 · 187
二、软文营销的特点 · 187
三、软文营销的意义 · 187
四、软文营销成功的关键 · 188

第二节　房地产软文写作技巧 · 189
一、撰写房地产软文的前提条件 · 189
二、撰写房地产软文的预备期 · 190
三、房地产软文标题设计 · 191
相关链接：软文标题的分类 · 192

四、房地产软文篇章结构……………………………………………194
　　范本一：方向所系，焦点所驱，恒大点亮象湖之"心"………195
　　范本二：魅力万科城，三大魔力助你避免家庭纷争……………196

第三节　房地产软文推广……………………………………………197
　一、软文推广的境界………………………………………………197
　二、软文推广的阶段………………………………………………199
　三、软文推广的措施………………………………………………201
　四、微博软文推广…………………………………………………202
　　范本一：远洋地产官方微博软文…………………………………204
　　范本二：万达广场官方微博软文…………………………………204
　　范本三：龙湖地产官方微博软文…………………………………205
　五、微信软文推广…………………………………………………206
　　范本：当父母老了，为他们准备一个安心的陪伴………………207

第一部分
传统营销

第一章
房地产销售代理

现在的房地产销售已经实现了多元化，除了传统的开发商自己营销之外，另外一种主流方法，就是与房地产销售代理公司合作。随着房地产市场的分工日益细化，房地产代理公司越来越多地参与到房地产行业中，专业的代理公司更受到房地产开发商的青睐且与之合作。

第一节　销售代理认知

一、销售代理的涵义

房地产代理公司是指专业为房地产公司（开发商）提供房地产专业的楼盘策划和销售代理的服务机构，业务集中在产品定位、案场包装、物料设计、媒体计划、广告推广、房地产销售代理、回笼资金等。

二、销售代理的优势

房地产企业选择代理商销售楼盘项目具有图1-1所示的优势。

优势一	代理商有庞大的市场信息和资源
优势二	代理商有较丰富的销售管理经验和专业的销售团队
优势三	代理商有广泛的合作单位和社会关系
优势四	代理商拥有庞大的客户资源

图1-1　选择代理商的优势

1. 代理商有庞大的市场信息和资源

代理商在操盘时，市场部会去调查市场竞品楼盘，做调查问卷，建立信息库，通过信息库比较准确地分析潜在客户的购房意向，对项目开发的产品类型、户型选择、市场定位、定价等有很大的作用。

2. 代理商有较丰富的销售管理经验和专业的销售团队

成熟的代理商对销售团队有一套系统的执行标准，从而保证销售团队的专业性。其代理楼盘的业务量也相对稳定，以确保其公司员工就业充分、收入稳定，销售团队才得以稳定。

3. 代理商有广泛的合作单位和社会关系

代理商有越多的操盘经验，也就有越多的社会关系。在操盘过程中会跟政府相关部门、建筑商、广告商、模型制造单位等多个行业打交道，可以通过这些资源为开发商寻找更好的合作伙伴，提升代理商自己的附加值。

4. 代理商拥有庞大的客户资源

代理商在以往的操盘和正在操盘的项目，有大量未成交的购房者信息，如代理一个新项目有效运用此资源，会加速销售速度，开发商也就加快了资金回笼，降低管理成本，减少信息支出、时间成本，时间就是金钱。开发商选择和代理商合作，就是基于争取时间成本。

三、销售代理的模式

根据房地产企业与代理公司的合作方式来看，销售代理主要有图1-2所示的几种模式。

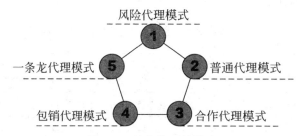

图1-2　销售代理的模式

1. 风险代理模式

此模式采取由代理公司与房地产企业签订合作项目的整盘销售代理合同，双方需要商定的有关细节如下。

（1）合作项目的整盘销售底价。

（2）代理佣金标准。

（3）结算方法。

（4）销售合作细则。

（5）销售周期等。

同时房地产企业与代理公司通过具体的风险担保措施来保证合同的履行，代理公司配备项目销售专案组进行合作项目全案策划、推广与销售执行工作。

风险代理最大的特点在于代理公司在销售合同的基础上，执行项目销售代理，其在获得代理利润的同时也承担了整个项目销售的市场风险以及销售风险。同时全盘的广告费、推广费用、现场销售道具、办公设备以及人员工资、奖金等相关管理费用全部由代理公司负担，但代理公司可以在风险担保的前提下实现完全的价格增值利润。

2. 普通代理模式

普通代理模式采取由代理公司与房地产企业签订合作项目整盘销售代理合同，

在合同中签订合作项目整盘销售底价、代理佣金标准及结算方法，并明确销售周期、销售费用分摊等合同细则。代理公司与房地产企业约定具体的权利义务以及约定风险责任与保证措施后，代理公司配备项目销售专案组进行合作项目全程策划、推广与销售执行工作。

普通代理模式的特点如图1-3所示。

特点一	房地产企业需要承担较风险代理更多的市场风险和销售风险
特点二	房地产企业需要承担项目全盘的广告费用、推广费用、现场销售道具、办公设备等销售费用
特点三	合作双方是按照合同协议约定分享在合同销售底价基础上实现的价格增值利润

图1-3 普通代理模式的特点

3. 合作代理模式

合作代理模式就是指代理商与房地产企业形成一种真正意义上的伙伴关系，风险共担，利益共享。凡是有关楼盘的销售费用，包括售楼书、画册等销售资料（道具），样板房装修，售楼部建设和装修，公关宣传、媒体广告等，一切与销售有关的费用均由房地产企业与代理商共同支出，然后在销售价格和利润方面商定一个双方均能接受的分配比例。

营销指南 ▶▶▶

合作代理模式比较复杂，主要是费用的分摊与利益的分配方面，房地产企业与代理商很难达成共识，因而较少采用。

4. 包销代理模式

包销代理模式是指代理商先投入资金，然后和房地产企业讲定一个价位包销，超过部分按比例分成或者完全归代理商所有。这种手法最早是台资代理商率先提出，后来被内地企业大量采用，俨然成为代理业界竞争最有力的手段。

包销模式是房地产企业面对其不可预计的房地产市场走向的时候，所作出的一种资金风险转嫁。这就要求承接此类业务的代理企业有一定的资金实力。如果没有一定的技术、人力等专业的资源，将无法承受投入资金所带来的压力。

5. 一条龙代理模式

一条龙代理模式的特点是，从房地产企业拿地、项目调研、前期可行性分析预测、物业市场定位、销售代理、银行按揭支持、办理合同监证与房地产证及尾盘销售等，给房地产企业提供全程策划、销售及售后一条龙服务，应该是中介模式的一大突破。一条龙模式的优势如图1-4所示。

优势一	服务内容更丰富、更广泛。包括前期拿地、市场调研、定位，中间的销售代理，后期的服务等
优势二	消灭"尾盘"概念，服务更彻底。通过清除尾盘，盘活市场资金和存量
优势三	从政府方面，可规范市场行为，避免不成熟的盲目开发，更好地提供政策方面的咨询和指导
优势四	实现二三级市场的联动

图1-4 一条龙代理模式的优势

第二节 与代理商合作

一、适宜代理销售的情况

一般来说，图1-5所示的情况较宜于采用代理销售模式。

情况一	缺乏后续操作项目的临时性项目公司
情况二	多家企业联合开发的项目
情况三	成立时间不长，或由其他行业新进入房地产开发领域的企业
情况四	大规模运作，所运作项目需要树立品牌形象的开发企业
情况五	进入新的地理区域，需要专业代理商拓展市场、树立品牌的开发企业
情况六	不以房地产开发为主业的企业

图1-5 适宜代理销售的情况

二、对代理商的考察

代理商由于其背景和成长环境的不同,公司的结构和业务专长也各有不同。房地产企业如果要选择房地产代理商,则应考察对方是否具备图1-6所示的条件。

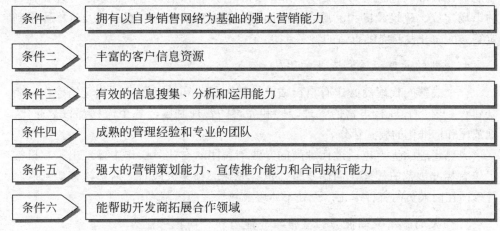

图1-6 对代理商的考察要点

1. 拥有以自身销售网络为基础的强大营销能力

有实力的代理商一般都会有独立的、在一定区域分布的房地产营销门面或网点,他们在代理一级市场业务时,也同时开展房地产的二三级市场的业务。依靠这些网络,代理商不但能将所代理的产品尽快组织推向市场,而且能通过自己拥有的二三级市场的资源,以调剂、置换的灵活方式间接促进代理产品的销售。

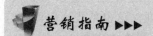

> 是否具备有效的营销网络,是考察房地产代理商营销能力的首要条件。

2. 丰富的客户信息资源

代理商的营销网点往往能从市场收集到许多购房信息,这些信息都来自于实际的购买群体。这些信息汇集和组织起来就成为了代理商手中的客户资源。这些客户资源是"市场黄金",也是每个代理商手中的核心优势。

代理商拥有客户资源的广度和深度,影响着所代理项目的销售进度和质量。丰富的客户资源加以有效运用,最直接的效果是可以加快项目的资金回笼,为开发商提高资金运转效率,并使项目的效益最大化。

3. 有效的信息搜集、分析和运用能力

代理商通过自身的网络通常会组织定期的市场调查，也会做一些不定期的问卷调查。他们基本上悉知市场上主要竞争对手的情况，也了解购房群体的深层次诉求。利用和分析日积月累的信息库，便构成市场需求的整体概貌。据此代理商就能够比较准确地把握市场走势，精确判断客户群体的各方面需求；可以在项目的市场定位、建筑风格和品质、户型面积、环境营造、合理配套以及价格体系制定等方面向开发商提供有益的参考。

4. 成熟的管理经验和专业的团队

一个成熟的代理商必定有自己成熟的管理模式和管理团队。从营销操作、团队建设到财务管理有丰富的管理经验和完善的管理制度，各个流程都按专业化、规范化和标准化的模式运作。

成熟管理的优点也通过代理商的专业销售团队在业务操作中体现出来。日常工作有标准规范的程序，遇偶发事件也有成熟的预案来应对。从售楼窗口到后台管理，在岗人员的言行举止，无处不体现成熟管理的风范。

5. 强大的营销策划能力、宣传推介能力和合同执行能力

代理商一般都实行全流程作业，即在项目展开初期，就针对所代理项目组织具有必要广度和深度的市场调查、分析，进而开展项目策划、营销策划、宣传推广、楼盘销售、督促履约直至配合交楼和售后市场跟踪调查等全流程环节的全盘代理。因此代理商必须具备全面而独立的市场分析、策划、设计、推广和合同执行能力。

6. 能帮助开发商拓展合作领域

有实力的代理商在业务运作过程中，通常积累了相当广泛的社会公共关系，如相关的政府管理部门以及与房地产相关联的上下游行业，这也是代理商可以运用的公关资源。运用这些资源可以为其所服务的开发商引进合作资金或合作伙伴，减少项目运行中的公关障碍，并有助于开发商拓展事业，和开发商结成更紧密的联盟。

三、与代理商合作的注意事项

房地产企业与代理商合作，要注意图1-7所示的事项。

事项一	细酌与代理商的合作方式
事项二	细酌与代理商的合作期限

事项三	严格控制销售价格
事项四	明确房地产企业与代理商在营销过程中产生的费用
事项五	防止费用承担问题纠缠不清
事项六	从代理佣金中扣除代理保证金
事项七	掌控代理商代理销售佣金的点数、结算时间与支付方式
事项八	代理商不能代收任何形式的文件
事项九	明确房地产企业与代理商的权利、义务与责任
事项十	明确代理商的销售任务
事项十一	营销策划人员的资历要求

图1-7 与代理商合作的注意事项

1. 细酌与代理商的合作方式

房地产企业以"策划销售"的方式与代理商合作,由房地产企业提供广告费,代理商根据项目特点,将项目进行定位,从前期的案前准备、广告策划以及现场销售等进行一系列的整体运作。

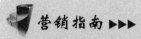
营销指南 ▶▶▶

以"策划销售"的方式与代理商合作,房地产企业可以直接、有效地控制广告推广费用,避免代理商虚报广告推广成本而从中谋取利益,减少房地产企业不必要的广告开支。

2. 细酌与代理商的合作期限

合作期限一定要在合同中明确,并且要对房地产企业有利,与代理商初次合作最好不要将代理期限签得太长。合作期限也不是一成不变的,应根据市场情况,制定代理商的销售任务。如在一定时间内完不成任务,代理合同将自动解除。这样可以给代理商制造一定压力,让其尽自己最大能力去销售房屋。

3. 严格控制销售价格

销售基价（代理销售项目的底价）由房地产企业制定并提交代理商执行，销售基价表应作为销售代理合同的附件出现在合同中。代理商可依据市场情况在征得房地产企业书面同意的情况下有权灵活浮动。代理商应该严格执行房地产企业制定的销售基价，在没有房地产企业书面授权的情况下，不得擅自给客户任何形式的折扣。如遇特殊情况，代理商应及时告知房地产企业，作个案处理。

房地产企业应严格控制代理商的销售价格，防止代理商将价格制定得过低，将房屋低价销售以迅速获取佣金提成，从而降低了开发企业的销售利润。

4. 明确房地产企业与代理商在营销过程中产生的费用

房地产企业与代理商所承担的费用，具体如图1-8所示。

房地产企业	代理商
（1）项目推广所需的费用包括：报纸、电视、户外广告，印制宣传材料，制作沙盘，售楼部包装，样板房装修所产生的直接费用 （2）房地产企业安排代理商合同约定工作所发生的费用 （3）售楼中心应配备的相应办公品费用	（1）代理商所派驻人员的工资、补贴、交通费用、日常办公费用、通信费用等 （2）销售人员的工资、补贴、奖金、佣金、培训费用等 （3）销售中心交接后的日常办公费用（水、电、通信费用等）

图1-8 房地产企业与代理商所承担的费用

5. 防止费用承担问题纠缠不清

在销售代理合同中应该明确双方应该承担的各项费用，以防止后期在费用承担问题上产生不必要的纠纷。

6. 从代理佣金中扣除代理保证金

代理商的主要利润来源是销售代理的佣金，前期策划一般是不计算费用的。但为了使代理商在前期将项目启动，房地产企业会预先支付一部分费用，因此在销售代理佣金结算时应该将前期策划所发生的费用一并扣除。

此外，代理商要取得房地产企业的代理权，必须支付不低于10万元人民币的代理保证金。此保证金的支付方式比较灵活，代理商可一次性支付，也可以从销售代理佣金中扣留，将来项目销售结束，此保证金如数退还。

7. 掌控代理商代理销售佣金的点数、结算时间与支付方式

销售代理商的主要利润来源就是代理销售的佣金，此佣金是按照代理销售房

屋总价的百分比来提取的,目前就市场行情来看佣金比例基本上在1.4%左右,最高不超过1.8%。像广告设计费用、定向开发部分服务费等其他费用都是可以包含在销售佣金里的。

目前市场上使用较多的是:

$$销售提成=基本佣金+溢价提成$$
$$基本佣金=销售基价\times销售面积\times基本佣金提出比例$$
$$溢价提成=(销售实价-销售基价)\times溢价分成比例$$

基本佣金相对较低在1.2%左右,溢价提成要控制在五成以内。

佣金的结算一般是在正式开盘销售后的1~2个月后开始的,为了牵制代理商,销售代理佣金不会是足额结算的,房地产企业可以扣留一部分销售代理佣金作为代理商的代理保证金,还可结合代理商完成销售任务的情况来结算,而且代理商在结算时要提供正式发票。

8. 代理商不能代收任何形式的文件

在营销过程中,代理商不能代房地产企业收取任何形式的定金、房款,以防止代理商自行挪用或者扣留资金,房地产企业应在销售现场委派专门财务人员进行开票、收款,并将资金存入房地产企业设立的指定账户。对于客户的购房合同、票据、档案等要进行严格管理,并在销售代理合同中明确。

9. 明确房地产企业与代理商的权利、义务与责任

房地产企业在与代理商签订销售代理合同时,其中条款必须显示房地产企业与代理商的权利、责任与义务,做到权、责分明。如若后期代理商工作不利,可依据此等条款随时将合同终止替换代理商,从而维护房地产企业的权益。

10. 明确代理商的销售任务

房地产企业委托代理商销售房屋,就是要借助具有专业知识的外脑以高利润、快速度回笼资金,因此一定要给代理商制定销售任务并在销售代理合同中体现。代理商不能按期完成销售任务的,房地产企业有权责问代理商并随时终止销售代理合同。

11. 营销策划人员的资历要求

对于代理商委派的工作人员,房地产企业应核根据楼盘情况进行甄选,要求代理商所配备的策划经理和销售经理必须有5年或5年以上的从业经历,熟悉省内房地产市场,并且有大型楼盘的操盘经验。代理商配备的策划助理和销售主管应有3年或以上的相关行业从业经验,参与过大型楼盘的销售或策划工作。销售人员应该具有2年或以上的相关行业销售经验,个人形象、气质俱佳,代理商须提供以上岗位工作人员的工作简历、销售业绩和操盘总结等资料，以确保楼盘销售的需要。

第三节　知名房地产销售代理

一、中原地产

中原地产隶属于中原集团，中原集团创立于一九七八年，是一家以房地产代理业务为主，涉足物业管理、测量估价、按揭代理、资产管理等多个领域的大型综合性企业。

中原地产已在国内近34个主要城市完成网点布局，并迅速实现本土化融合，在各地市场占据重要位置，同时，中原地产以专业、诚信的品牌形象在市场上赢得良好口碑，成为房地产代理行业内的成功典范和标杆。

二、21世纪不动产

21世纪不动产于1971年在美国创立，是美国Realogy公司旗下最大的不动产服务体系。经过近45余年的发展，21世纪不动产已成为世界知名的不动产综合服务品牌。

目前在中国大陆拥有21世纪不动产品牌独家特许授权，是中国领先的房地产综合服务提供商，同时在中国房地产行业拥有最广泛的销售网络。

三、链家

链家地产创立于2001年11月12日，是一家集房产交易服务、资产管理服务于一体，以数据驱动价值链的房产服务平台，业务覆盖二手房交易、新房交易、租赁、装修服务等。链家目前已覆盖北京、上海、广州、深圳、天津、成都、青岛、重庆、大连等28个地区，全国门店数量约8000家，旗下经纪人超过13万名。

链家以"推动行业进步,让房屋交易不再难"为品牌使命,希望通过持之以恒的创新以及新技术的探索和运用,建立和有效管理高质量的房地产服务标准,推动行业进步。

四、我爱我家

我爱我家

我爱我家房地产经纪公司是国内较早从事房地产经纪以及相关产业服务的大型企业,其专业水平、服务理念一直走在同行业的前端,不但受到同行的尊敬,也逐渐成为深受广大消费者爱戴的房产服务专家。

2000年春,我爱我家公司在北京成立,在不断进取中,公司迅速发展。目前,在房产中介行业中,我爱我家已经成为了具有公信力品牌、美誉度品牌和具诚信品牌的房产中介公司之一。

五、满堂红

满堂红

2000年7月,满堂红前身——家宜置业科技有限公司更名为广州满堂红置业有限公司,2005年,家宜集团正式更名为满堂红(中国)集团。

满堂红集团专注于房地产行业及相关的项目投资,致力为消费者提供专业、优质的一站式置业服务。近年来陆续投资经营了数家相关企业,涉及房地产中介、中介服务的业务类型,发展为以二手房经纪业务为核心,全面介入按揭服务、置业担保、装修等居住服务链条,成为专注于居住综合服务的企业集团。

六、合富置业

合富置业
合富辉煌集团(香港联交所上市编号:733)成员

合富置业——全称广东合富房地产置业有限公司,是由最早从事国内房地产顾问服务企业之一的合富辉煌集团于1997年成立的,主要从事二手房地产买卖和租赁代理的专业中介公司。

合富置业其母公司——合富辉煌集团控股有限公司,雄踞中国房地产服务行业龙头地位,业务版图横跨20多个省、直辖市、自治区的近40个城市;并于2004年7月在香港联交所主板成功上市,成为中国国内首家上市的房地产中介企业,引领行业向更高的水平发展。

七、汉宇地产

上海汉宇地产顾问有限公司成立于2004年，是沪上首批引进香港"一二手联动"先进经营理念的房地产经纪企业，以务实之心、扎实之为，不断提升专业服务品质，为客户提供优质、高效的不动产租售代理、一手项目销售代理等服务。

汉宇门店覆盖上海全市，拥有2000多名员工，连续9年蝉联行业最高奖项"金桥奖"，连续7年蝉联上海房地产房屋"中介"、"营销代理"企业二十强双奖。

八、美联物业

美联物业属于美联集团成员，于1973年成立，并于1995年在香港联合交易所挂牌上市（香港联交所编号：1200），2008年美联工商铺于主板上市（香港联交所编号：459），成为拥有两家上市公司的地产代理企业。拥有40余载行业经验，业务涵盖中小型住宅、豪宅及工商铺，提供移民顾问、金融、测量、按揭、转介等服务，业务遍布香港、澳门、中国内地。

现时致力于发展中国的重点城市，在北京、上海、广州、深圳、惠州、珠海、澳门、重庆、成都、贵阳等地设立分公司。

九、中联地产

中联地产始创于1993年，是深圳市成立时间最长，规范化、专业化、规模化程度较高，品牌知名度和美誉度较高，集房地产中介、按揭、担保、评估为一体的中国房地产服务中介知名的品牌经纪公司。

多年来，中联地产始终在"追求客户最终满意"的服务理念主导下，诚信稳健经营，持续快速发展，在二级半和三级市场的联动销售及其专业化一条龙服务创新、业务模式创新、管理机制创新、企业文化创新等方面，取得了骄人的业绩，赢得了社会各界的充分认可和尊重。

第二章
房地产广告营销

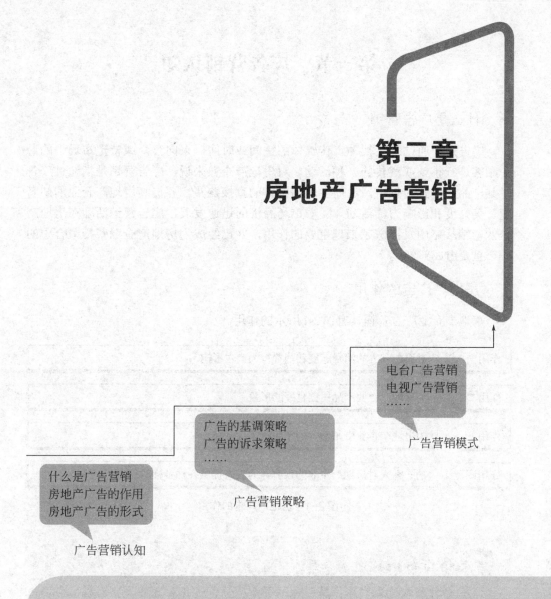

- 电台广告营销
- 电视广告营销
- ……

广告营销模式

- 广告的基调策略
- 广告的诉求策略
- ……

广告营销策略

- 什么是广告营销
- 房地产广告的作用
- 房地产广告的形式

广告营销认知

在房地产开发的各个阶段,广告的身影无处不在,市中心、广场、公交车、报纸、电视、广播、网络等,凡是有人群的地方,皆活跃着房地产广告。生动、形象的广告宣传可以有效地推进销售工作,所以,不管是开发商还是代理商,都会不遗余力地做房地产广告。

第一节　广告营销认知

一、什么是广告营销

广告是指通过购买某种宣传媒体的空间或时间，来向公众或特定市场中的潜在顾客进行推销或宣传的一种活动。对房地产企业来说，广告营销是指通过广告对其产品进行宣传推广，进而促成消费者的直接购买，并提高房地产企业的知名度、美誉度和影响力的活动。随着市场经济的迅速发展，广告营销活动在房地产企业营销战略中发挥着越来越重要的作用，并已经成为房地产企业营销组合中的一个重要组成部分。

二、房地产广告的作用

房地产企业广告营销具有图2-1所示的作用。

作用一	对潜在客人的消费态度和消费行为产生影响
作用二	为房地产企业产品树立良好的形象
作用三	为房地产企业带来额外的销售收入
作用四	消除客人对房地产企业的误解，为客人提供各种各样的信息

图2-1　房地产广告的作用

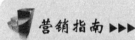

营销指南 ▶▶▶

只要仔细地选择媒体，精心地撰写广告词，选择合适的发布时机，广告将会成为房地产企业最强有力的业务营销手段之一。

三、房地产广告的形式

地产广告的形式多种多样，一般主要依靠报纸、杂志、电视电影、广告牌、广播电台、互联网等媒介发布，这几种地产广告形式又有各自的特点，具体如表2-1所示。

表2-1 主要地产广告形式的特点

序号	广告形式	特点
1	报纸、杂志	是房地产企业广泛运用的大众传播媒体
2	电视电影	可以表现其与众不同的卖点，富有张力和说服力
3	广告牌	可以突出项目独有的高档商品非凡之气，建立和维持品牌知名度。包括候车亭广告、LED户外广告灯箱、高速路上的路边广告牌、霓虹灯广告牌、LED看板等
4	广播电台	制作中不需要较多的道具、设备，广告形式可以根据需要随时做调整，灵活性较大，和听众互动性好，说服力比较强
5	互联网	具有传播快、受众广、持久、表现形式多样的特点，可以非常详细地介绍产品。包括PC互联网和移动互联网，如一些专业房产网站、房产APP、微博、博客、QQ、微信等

第二节 广告营销策略

一、广告的基调策略

房地产广告的基调，指与客户定位、产品定位和竞争定位相符的，带有所处地域的时尚特征，融合广告策划的创意风格，并且贯穿于房地产广告设计和广告实现始终的广告表现的总体方针。

1. 广告基调根据客源定位确定

广告是一种广而告之的行为，广告目标是我们要争取的客户，他们的个人情况，以及一切对他们获得信息的方法和方式，都是广告策划中进行决策、明确广告基调的重要依据。

一般而言，对于已处于整个房地产开发建设过程后期的广告设计而言，它的目标客源由产品功能和产品档次确定。前者区分客户的种类，后者区分客户的质量。

2. 对产品的理解也是确定广告基调的重要方面

产品的生命力在于产品的特色，在为客户服务的同时，怎样将产品的特色在介绍中尽可能地展现出来，并因此权衡广告基调，是确定广告基调的一个重要方面。

3. 房地产竞争情况对房地产广告基调产生影响

根据企业与竞争对手的对比情况，往往会有以下这样两种情况。

(1) 以强抗强，让别人的广告为我宣传。这时候，两者的广告基调可能类似，但这时广告基调的产品基础一定要优于竞争对手。只有这样，自己才不会被打倒，反而会借力使力，居于上风。

(2) 趋强避弱，努力做到人无我有，人有我强。当面临同样的地区、类似的产品，大家的广告基调又都是很温馨的时候，即将推出的产品基调的确定，应该是有所变化的，以突出自身的特色。

二、广告的诉求策略

房地产广告语便是整个楼盘的主题诉求，经典的广告语不但诉求精准，像民谚俗语一样脍炙人口，同时也能让整个楼盘声誉鹊起。

比如，广州碧桂园项目，一句"给你一个五星级的家"令碧桂园名声大噪，至今仍深为人所称道。

广告诉求点实质上是产品的竞争强项。现代商品社会的竞争日趋激烈，同一个产品可能存在着成千上万个竞争对手，房地产市场同样也不例外。这种情况的蔓延结果，便是广告语所承载的利益点和生活态度，更侧重于表现我为什么更值得你选择。

最强的诉求点应该与楼盘定位一致，与客户的需求一致。最有效的楼盘广告主题语来自对楼盘本身的清晰定位，广告语的出炉是在对市场状况进行仔细分析、对目标客户心理需求深刻洞察之后制定的。优秀的广告语诉求也应该含有图2-2所示的四个要点。

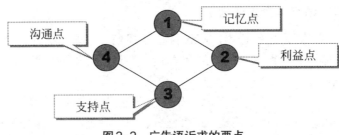

图2-2　广告语诉求的要点

营销指南 ▶▶▶

广告语是整体营销策略的核心支撑点，其他的营销手段或市场推广都是围绕此进行的。

三、广告的媒体投放策略

房地产广告对媒体的利用率比较高,为了更好地提高媒体的效率,使有限的广告经费获得最大的经济效益,应该对不同类型的媒体在综合比较的基础上,加以合理筛选、组合,以期取长补短、以优补拙。就媒体整合而言,包括图2-3所示的两部分。

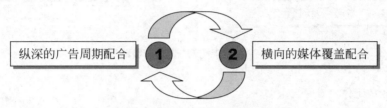

图2-3 房地产广告的媒体投放策略

1. 纵深的广告周期配合

一个完整的广告周期由筹备期、公开期、强销期和持续期这四个部分组成。

(1) 在广告的筹备期,广告媒体的安排以户外媒体和印刷媒体为主。售楼处的搭建,样板房的建设,看板的制作以及大量的海报、说明书的定稿印刷等。

(2) 进入广告的公开期和强销期,广告媒体的安排渐渐转向以报刊媒体为主。户外媒体和印刷媒体此时已经制作完工,因为相对的固定性,除非有特殊情况或者配合一些促销活动,一般改变不大,而报刊媒体则开始在变化多端的竞争环境下,节奏加快,出招频频,以灵活多变的特色,发挥其独特的功效。

(3) 到了广告的持续期,各类广告媒体的投放开始偃旗息鼓,销售上的广告宣传只是依靠前期的一些剩余的户外媒体和印刷媒体来维持,广告计划也接近尾声。

2. 横向的媒体覆盖配合

广告媒体在横的方面的安排,其实也贯穿于广告周期的四个阶段,但在产品强销期的时候要求特别高。媒体覆盖配合包括印刷品、电台、手机、网络等多重组合的理想三维广告空间,在视觉听觉上对客户造成多重刺激,最大限度地挖掘和引导目标客源,以配合业务人员的推广行为,创造最佳的销售业绩。

四、广告营销策略的运用

随着销售进度和市场环境的变化,广告的主题要有所变化,因时制宜,因地制宜,发挥广告时态变换的优势,有针对性地影响客户群体。房地产企业可以采取图2-4所示的营销策略。

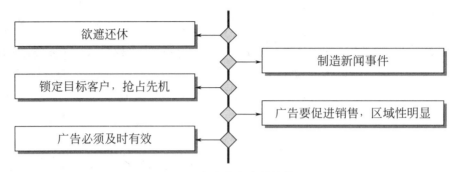

图2-4 房地产广告营销策略

1. 欲遮还休

在销售前期，房地产公司采取阻挡的措施，用围墙将工地围起来，遮住楼盘，一方面修建豪华售房部，向顾客预告商品房即将推出；另一方面阻止顾客进入，暂不进行销售，不告知价格，使消费者产生悬念感。

> **小案例**
>
> 郑州美景鸿城正是运用了这一广告策略，在开发期，把整个一期正在开发的楼盘用广告牌包围起来，让消费者只见其形，却不知其貌，这样的包围战术不仅为产品开盘做准备，又吸引了大量的关注目光，造成了一种房产未售先热的局面，为后来的火爆销售打下基础

2. 制造新闻事件

这一策略主要是在销售前期，通过媒体发布一些对开发商有正面影响的新闻事件，宣传开发商品牌形象。

> **小案例**
>
> 河南建业就是运用新闻事件造势，形成客户对在建楼盘的关注，2008年中国举办北京奥运会，建业也于2008年在香港上市。建业所有的在建楼盘都全面宣传建业香港上市，同时建业将奥运与楼盘销售活动联系起来，这些新闻以软广告的形式，通过建业自身媒体和河南一些有影响的媒体传播出去，在很大程度上既宣传了建业的品牌，又促使建业在2008年创造了销售佳绩。

3. 锁定目标客户，抢占先机

房地产销售要根据楼盘的定位，抓住目标客户群，而不能把精力分散，要由前期的市场调查研究和分析，把握住目标消费者，制定有针对性的策略来擒住这部分消费者。要先入为主，抢占先机就能抢得市场，就能将第一印象建立在消费者心目中，使后来的竞争者很难与之抗衡。

4. 广告要促进销售，区域性明显

房地产广告对注意力负责，对人们的兴趣负责，要能吸引有效的人流，增加看房人气。房地产这种区域性的特殊商品，它的竞争集中体现在广告的竞争上，并影响社会文化和构成，但它更重要的是一种经济活动，是实现销售的重要手段。广告不是艺术创作，遵循商品的特点，创造效益才是成功的开始。

5. 广告必须及时有效

房地产项目与一般商品最大的不同就是单价太高，不适合长期销售，而适合短期和快速销售。因此，房地产广告必须立竿见影，直达目标，在制定广告策略时，及时性是最应关注的。从长期的发展眼光来看，也要注意品牌的塑造和维护。

第三节　广告营销模式

一、电台广告营销

电台广告是一种线形传播，听众无法回头思考、查询。因此应善于运用口语或者生动具体的广告词语来进行表述，不要过于烦琐，尽量少用重句，能够使听众一听就明白、一听就懂，这样才能产生绝佳的广告效果。

1. 电台广告的特点

一般电台广告的受众为本地或者周边地区的消费群体。电台广告主要具有图2-5所示的特点。

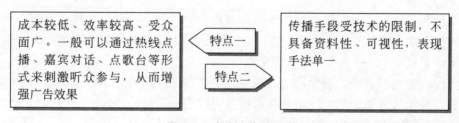

图2-5　电台广告的特点

2. 电台广告的优势

电台广告的广告量虽然在总体广告中所占比例不大，但由于电台媒体所具有的独特优点，如可以边工作边收听、随时随地收听等，使其成为主流媒体广告的重要补充。

包括可口可乐在内的很多世界500强公司都有专门的电台媒体策划部门。为什么现在电台广播的效果越来越好了呢？原因如下。

（1）有车一族人群越来越多，电台是针对开车出行中的唯一有效媒体。

（2）手机已经非常普及，而且一般手机都自带收音机功能，收听还全免费。

（3）谈话类的互动节目很受人们欢迎，通过专家、嘉宾感性的描述和理性的分析，很容易使收听者产生信任感。

（4）电台广告相对于电视广告、户外广告、车身广告、网络广告等来说，其价格要相对较低。

3. 电台广告的目标人群

电台广告的目标人群如表2-2所示。

表2-2　电台广告的目标人群

序号	类别	详细特点
1	大学生群体	他们有的是用手机在业余时间收听广播，有的是边上网边听广播，加上对谈话类、参与类节目比较感兴趣，是很好的电台宣传目标人群
2	有车一族	私家车进入家庭的速度越来越快，所以电台广告的受众会越来越多
3	保安及值勤类人员	他们工作性质较单调，又不得不坚守岗位，不能看电视及上网等，所以通过手机或者收音机收听电台成了一种习惯
4	老年人	大部分老年人出来晨练时会收听电台广播

4. 电台广告制作方法

现在，许多电台都设有与房地产行业相关的栏目，如新盘推荐之类的，有专门的记者负责楼盘推广活动策划等。电台广告一般都由专业的广告制作公司制作，房地产企业可以选择资质较好的公司进行合作。

（1）确定广告词。电台广告主要通过声音来传递信息，所以广告词要清楚、明白、易于理解和记忆，使消费者通过收听广告对产品的品牌、价格有一个详细的了解。创作电台广告时的注意事项如表2-3所示。

表2-3 电台广告创作注意事项

序号	事项	具体说明
1	广告词简明易懂	尽量简短，多用短句，少用修饰语，注意口语化、地方化，最好能在广告一开始就切入产品的主题
2	播音速度适中	节奏太慢会显得拖沓沉闷，而节奏太快又会让听众难以听清楚或者听起来感到疲劳，所以语速一定要适中，不能太快也不能太慢
3	重复朗读	反复朗诵广播广告中的某些词句，主要有两个作用，一是鼓动作用，二是加强记忆。特别是针对品牌的广告，只有反复进行诉求，才会增强听众的记忆
4	增强吸引力	电台广告的开头一定要有特色，必须一下子就能抓住听众的注意力

（2）协调背景音乐。在电台广告中，背景音乐主要有三个作用：一是引起听众兴趣，避免广告太过平淡单调；二是营造气氛与情调，加深听众对产品的印象；三是突出广告主题，增强广告感染力。

（3）选择广告演员。在电台广告的制作过程中，演员的选择同样是很重要的一个环节。像一般的陈述式、对话式广告往往都选择播音员来播读，但是由于听众对播音员的声音比较熟悉，很难产生新鲜感，尤其是有些情节性的广告需要各种不同角色的演员来扮演，如父亲、母亲、孩子等。因此配音演员可从话剧演员、电影演员、配音演员中选择，以进一步增强电台广告的吸引力。

二、电视广告营销

电视广告是一种经电视传播的广告形式，通常用来宣传商品、服务、组织、概念等。大部分的电视广告是由外面的广告公司制作，并且向电视台购买播放时数。如图2-6所示电视广告截图。

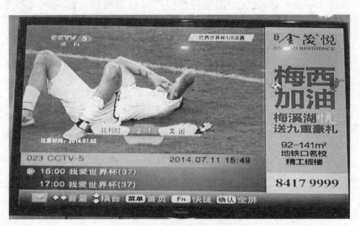

图2-6 电视广告截图

1. 电视广告的特点

电视广告具有图2-7所示的特点。

图2-7 电视广告的特点

2. 电视广告的类型

电视广告形式随着时代的发展越来越丰富,目前电视广告类型分类大约有以下7种形式,具体如表2-4所示。

表2-4 电视广告类型分类

序号	形式	说明
1	电视广告片	时间长一般有30秒或一分钟,最为常见的则是15秒
2	标版	时间较短,一般为5秒,甚至更短,通常只有一两个体现企业形象的画面和一句广告语
3	赞助形式	赞助电视晚会、体育比赛直播、卫星实况转播某些大事件、有奖智力竞赛、电视片和电视剧的拍摄、进口大片的放映等,一般在片头、片尾注上某企业赞助字样
4	栏目冠名	将电视台的某些热门栏目以企业的名称或产品品牌命名,这是一种常用的企业赞助形式。如"万宝路"体育大世界等栏目。挂名"特约播出",也属于栏目冠名广告
5	电视信息片	这是一种传播产品信息的"二级"广告片,内容大多是对产品功能进行介绍和演示,电视直销广告片就属于这一类;另有一类侧重展示产品形象。一般时长在两分钟以上
6	贴片广告	即跟片广告。广告片本身并无什么特殊之处,但贴片广告是固定地"贴"在某一部电视连续剧的片头、片尾或片中插播的
7	其他形式	各种更新更独特的媒介形式不断涌现,甚至根据企业主的要求,开始量身定做其他形式的广告了

3. 电视广告的创意

如今,各种电视广告是让顾客目不暇接,因此只有富有创意的广告才能吸引顾客。那么，房地产企业该如何提高自己的电视广告创意水平呢？这就需要房地产企业从电视广告的社会大环境入手，站在消费者的角度去审视电视广告创意。具体策略如图2-8所示。

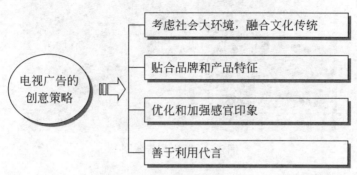

图2-8 电视广告的创意策略

（1）考虑社会大环境，融合文化传统。房地产企业电视广告作为社会文化体系的一部分，就必须融合社会的特点，考虑公众的普遍心理，尊重多种的文化习俗。不同的国家传统文化与民族尊严都应该得到尊重，任何广告文化都受其民族传统文化、习俗与民族心理的影响。

（2）贴合品牌和产品特征。一个好的电视广告创意必须有一份完善的广告策划案作为支持。电视广告作为产品宣传的一种方式，其目标是提高产品的销售量和公司的整体营销效果。产品必须有独特的销售主张和明确的定位，这样才能在消费者心中占有一个独特的位置，才能加深消费者对产品的印象，引发消费者的购买欲望。

（3）优化和加强感官印象。电视广告创意作品必须追求视觉形象的大众化，在色彩、构图、音乐等方面符合受众的审美需求。如针对年轻人的产品要突出活力和个性，在色彩方面要求亮丽点。创意的情感诉求也是很重要的一方面。

（4）善于利用代言。利用名人代言是常见的广告方式，但是应该慎重选择代言的明星，尽量选择与品牌产品关联度高的代言人。很多知名的品牌，均塑造了属于品牌或产品的中心人物，拉近了和消费者之间的距离，如碧桂园十里银滩就邀请了汤唯作为其项目楼盘的代言人。

三、报纸广告营销

报纸广告是以文字和图画为主要载体来向客户传递企业和产品信息，它不像其他广告媒体如电视广告等受到时间的限制，可以反复阅读、便于保存。

房地产企业可以在报纸上购买版面来大张旗鼓地宣传自己，并在广告上注明联系电话、公司地址。图2-9所示为报纸广告截图。

图2-9 报纸广告截图

1. 报纸广告的形式

常见的报纸广告形式有以下几种,具体如表2-5所示。

表2-5 报纸广告的形式

序号	形式	特点	备注
1	报花广告	广告版面很小,形式特殊,突出品牌或企业名称、电话、地址及企业赞助之类的内容	采用一种陈述性表述
2	报眼广告	报眼是指横排版报纸报头一侧的版面,它的版面面积不大,但位置十分显著、重要,容易引人注目	比其他版面广告更容易引起客户的关注
3	半通栏广告	广告版面较小,而且众多广告排列在一起,互相干扰,广告效果容易互相削弱	注意广告超凡脱俗、新颖独特
4	单通栏广告	最常见的一种版面,符合人们的正常视觉	版面自身有一定的说服力
5	双通栏广告	在版面面积上,它是单通栏广告的两倍。凡适于报纸广告的结构类型、表现形式和语言风格都可以在这里运用	—
6	半版广告	半版、整版和跨版广告,均称为大版面广告	—
7	整版广告	单版广告中最大的版面,给人以视野开阔、气势恢宏的感觉	—
8	跨版广告	刊登在两个或两个以上的报纸版面上,一般有整版跨版、半版跨版、1/4版跨版等几种形式	—

2. 报纸广告的特点

(1) 报纸可以反复阅读,便于保存、剪贴和编辑。

（2）能给客户较充分的时间来接收信息，更容易给读者留下深刻的印象，且信息表达较为精确，成本也较低。

（3）报纸广告传播速度慢于电视、电台，传播范围也小于电视、电台，且受到受众的文化程度限制。

3. 报纸媒体的选择

报纸种类繁多，各有不同的阅读人群，会产生不同的效果。一般广告主偏爱发行量较大的报纸。受广告预算的制约，除某些重要节点外，一个楼盘的广告通常不会全部涵盖本地区的各大报纸，而是通过广告费用与广告效果的比较来进一步选择，一般用每千人（户）成本来衡量，取其低者。房地产企业也可根据楼盘所对应的主要诉求对象的职业特点来选择一些其他报纸进行适当投放。

4. 适用范围

报纸广告适合做封顶活动、开盘活动等方面的广告，也可以登载一些优惠券，让读者剪下来凭券享受优惠服务。但是要注意登载的频率、版面、广告词和广告的大小、色彩等。

现在许多城市的晚报、商报等都市生活类报纸都设有地产专版，房地产企业可以选择合适的版面刊登广告。

四、杂志广告营销

杂志广告是刊登在杂志上的广告。杂志可分为专业性杂志、行业性杂志、消费者杂志等。由于各类杂志读者比较明确，是各类专业商品广告的良好媒介。因此房地产企业可以有针对性地选择合适的杂志发布营销广告。图2-10为杂志广告截图。

图2-10　杂志广告截图

1. 杂志广告的特点

房地产行业杂志主要有《中国房地产金融》《中国房地产业》《上海房地》《房地产世界》《住宅与房地产》《房地产导刊》等，杂志广告的特点如图2-11所示。

特点一	针对性强、专业性强，范围相对固定，即不同的人阅读不同的杂志，便于房地产企业根据目标对象选择其常读的杂志投放广告
特点二	储存信息量大，图文并茂，专栏较多、较全，且纸张、印刷质量高，对消费者心理影响显著
特点三	出版周期长，适用于时效性不强的广告

图2-11 杂志广告的特点

营销指南 ▶▶▶

由于各类杂志的读者群体比较明确，因此房地产企业可以有针对性地选择合适的杂志发布营销广告。

2. 适用范围

房地产企业可以有目标地选择一些杂志登广告。如针对的是高端人士的别墅楼盘，就可以刊登在经理人等一些高端人士阅读的杂志上。

五、户外媒体广告营销

一般把设置在户外的广告叫作户外广告。常见的户外广告有路边广告牌、高立柱广告牌（俗称高炮）、灯箱和霓虹灯广告牌、LED看板等，现在甚至有升空气球、飞艇等先进的户外广告形式。

1. 公交车身广告营销

中国人口众多，这决定了公共交通的绝对重要性和未来发达程度。同时，也给公交车身广告的发展提供了巨大的空间。图2-12为公交车身广告截图。

公交车身广告的发布形式主要包括以下三种。

（1）双侧形式。一般位置在两侧车窗以下范围。

（2）半车形式。一般位置在车身两侧、车尾及车窗玻璃局部。

（3）全车形式。一般位置包括车身两侧、车尾及车窗玻璃局部、车顶及车柱位置。

图 2-12　公交车身广告截图

2. 地铁广告营销

随着中国城市规模的快速扩大,地铁网络得以迅速发展。地铁媒体在受众数量、受众质量以及媒体传播环境等衡量媒体价值的重要指标上得到有力提升,成为企业传达信息的有效媒介渠道。如图 2-13 所示地铁广告。

图 2-13　地铁广告截图

(1) 地铁广告的特点。地铁广告的特点如图 2-14 所示。

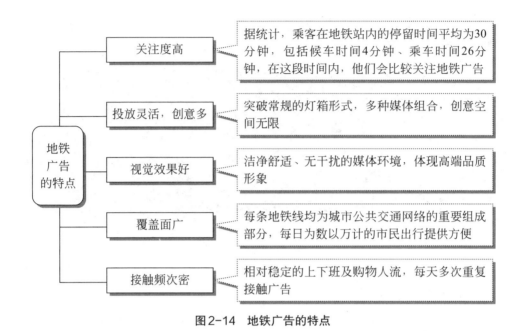

图2-14 地铁广告的特点

（2）地铁静态广告的发布位置。地铁静态广告的主要发布位置如表2-6所示。

表2-6 地铁静态广告的主要发布位置

序号	发布位置	具体说明
1	车厢内海报	在车厢内形成独特的广告环境，乘客在行程内全程接受广告信息
2	月台灯箱	位于地铁候车站台内，以高素质视觉效果展示信息，最适合发布新产品或树立品牌形象
3	通道海报	位于地铁站通道内，是乘客必经之路，与目标受众直接接触，最适合于产品短期营销
4	通道灯箱	位于地铁各站通道内，除具备海报优势外，其超薄的灯箱外形、高品位的媒体形象有助于提升品牌美誉度，有效提高过往乘客的消费欲望
5	通道灯箱长廊	分布在乘客最为集中的几条通道内，与目标客户有长时间的交流机会，使乘客过目不忘
6	月台灯箱长廊	最具创意性的轰动型媒体，创造独家展示的强势氛围
7	扶梯侧墙海报	位于电梯侧墙，直接面对出入口上下楼梯的乘客，价格便宜，是理想的营销媒体，整条扶梯可以展示一系列产品，或者以一式多样的广告画面营造强烈的视觉效果

续表

序号	发布位置	具体说明
8	大型墙贴	位于地铁最精华的站点，展示面积巨大，适合知名品牌维护与提升品牌形象，是新品上市营销的最佳选择
9	特殊位	位于地铁站出入口或者售票点上方，位置独特，面积庞大，非常醒目，适合品牌形象展示

（3）地铁视频广告。地铁视频广告不仅包括各种静态宣传画，也包括动态视频广告。现在，地铁的站台与车厢内全都装有收视终端，编织成了一个庞大的播出网络，乘客无论身处何处都可以轻易收视，拥有其他媒体无法比拟的广告平台。

3. 电梯广告营销

电梯广告是户外广告的一种类型，因其针对性强、费用低，所以非常适合产品的宣传推广。它是镶嵌在城市小区住宅楼、商务楼、商住楼等电梯内特制镜框里的印刷品广告载体。如图2-15所示电梯广告。

图2-15　电梯广告截图

电梯广告是一种富有创意的非传统媒介，能直接有效地针对目标受众传达广告信息。据测算，凡居住或工作在高层住宅楼的用户，每人每天平均乘坐电梯五次，电梯广告至少有三次闯入他们的视线，这样的高接触频率使其具有更好的传播效果。

现代城市高楼林立，电梯楼也越来越多，在最有效又经济的前提下，从众多的楼房中选择出最有效的电梯作为推广场所也就显得尤为重要。

（1）选择的楼房应是入住率在80%以上的住宅楼或写字楼。

（2）根据当地电梯楼的数量、密度制订投放计划，一般情况下，应一次性覆盖2～3个区域、精选7～8部电梯实施投放。

（3）向该预选楼房电梯广告代理公司咨询广告投放的相关事宜。

（4）电梯广告因其针对性强，在操作时可考虑以新盘发布为主。

4. 路牌广告营销

路牌广告是指在公路或交通要道两侧，利用喷绘或灯箱所发布的广告，它是户外广告的一种重要形式。如图2-16所示路牌广告。

图2-16　路牌广告截图

（1）路牌广告的特点。路牌广告可以根据地区的特点选择合适的广告形式，可以对经常在附近活动的固定消费者进行反复宣传，使其印象深刻。

（2）路牌广告的分类。路牌广告可分为平面广告和立体广告两大类。平面路牌广告包括招贴广告、海报、条幅等。立体广告则包括霓虹灯、广告柱及广告塔灯、灯箱广告等。

5. 候车亭广告营销

候车亭广告是指在公交车候车亭内建一长方体灯箱，在灯箱的正反两面添加画面，用以广告宣传，也称公交车站台灯箱广告。矗立于人流中转站的候车亭广告，能使人在等待中感受一种视觉上的愉悦，集观赏性、细读性于一体。同时候车亭提供夜间照明系统，令画面更具视觉冲击力，以最贴近的方式将品牌信息随时随地传递给消费者。如图2-17所示候车亭广告。

候车亭广告营销具有如下特点。

（1）候车亭广告的目标受众是准备购买房产的消费者，它可以在适当的地点、恰当的时间，利用科学合理的点位组合，将广告发布的边际效果最大化。

（2）候车亭广告发布合同最短为2个星期，可以说是最能灵活配合广告主营销策略的媒体之一。当广告主欲向大众发布新房上市的信息时，在候车亭上发布铺天盖地的广告就能在短时间内起到广而告之的作用，不但费用经济，而且效果十分显著。

图2-17　候车亭广告截图

（3）候车亭媒体是一种强制的、固定的媒体，每天24小时，一周7天反复地向目标消费者传递广告信息。

（4）由于候车亭广告的受众是流动的人群，而受众对该媒体具有一定的主动性，受众可以停下来看，在车上反复地看，等车时无聊也看，对该广告感兴趣时再看。清晰、反复的信息传递就能够非常有效地从外部刺激消费者，驱动消费者心底的购买欲望，最终采取购买行动。

相关链接

房地产广告发布规定解读

1. 适用主体

根据《房地产广告发布规定》第二条"本规定所称房地产广告，指房地产开发企业、房地产权利人、房地产中介服务机构发布的房地产项目预售、预租、出售、出租、项目转让以及其他房地产项目介绍的广告。居民私人及非经营性售房、租房、换房广告，不适用本规定"，其适用的主体范围仅限于"房地产开发企业、房地产权利人、房地产中介服务机构"，而居民私人及非经营性售房、租房、换房发布广告则不受该规定约束。

2. 基本要求

房地产广告必须真实、合法、科学、准确，不得欺骗、误导消费者。房地产广告如果不真实、准确或者含有对消费者的误导，不但可能面临相应的行政处罚，而且如果达到了足以影响消费者的购买决定、目的的情形，可能会导致消费者的退房，被追究违约责任甚至可能加倍赔偿的法律责任。

3. 房屋面积

房地产广告中面积应当表明为建筑面积或者套内建筑面积。房地产户外广告一般只会列明项目涉及户型面积，对消费者直观影响不大，而售楼处楼书或者户型单页广告中的户型图载明面积一般仅标明平方米数量，而未标明是建筑面积还是套内建筑面积。

4. 广告雷区

房地产广告中不得含有下列内容。

（1）升值或者投资回报的承诺。

（2）以项目到达某一具体参照物的所需时间表示项目位置。

（3）违反国家有关价格管理的规定。

（4）对规划或者建设中的交通、商业、文化教育设施以及其他市政条件作误导宣传。房地产广告中涉及的交通、商业、文化教育设施及其他市政条件等，如在规划或者建设中，应当在广告中注明。

5. 房屋价格

房地产广告中对价格有表示的，应当清楚表示为实际的销售价格，明示价格的有效期限。"每平方米××元起"、"总价60万元起"这样的房产广告目前很常见，这些年来很多消费者就是被这个"起"字坑过。在广告中，数字很大，而"起"字很不起眼，甚至容易被忽略。购房者冲这价格去看盘时却会被告知"那是起步的特价房源，已经售完"。针对这样的情况，新规要求，广告中对价格有表示的，应当清楚表示为实际的销售价格，明示价格的有效期限，也就是说，涉及价格的部分，以后再不允许有"起"字出现，而是要明确标注"××～××元/平方米"。

6. 项目位置示意图

房地产广告中的项目位置示意图，应当准确、清楚，比例恰当。房地产项目位置示意图较为直观地反映了房地产项目所处位置及周边的交通、商业、文化教育设施及其他市政条件的配备，还能反映出各自距离项目的视觉距离。但很多消费者购房后发现在房地产项目位置示意图的视觉距离和实际距离相差很大，为此新规要求项目位置示意图应准确、清楚，比例适当，符合距离比例。

7. 内部结构、装修装饰

房地产广告涉及内部结构、装修装饰的，应当真实、准确。房地产广告中经常会涉及房屋内部结构，如挑高、面宽、进深××米，精装修、轻奢装修、奢华装修等字样，但未明确具体结构以及具体装修装饰的准确信息。房地产销售公司应对房屋内部结构做详尽的明示，对装修装饰部分除公布每平方米装修装饰金额外，还应对具体使用的装修装饰的材料、数量、价格等组成予以列明。

8. 其他项目的环境、形象

房地产广告中不得利用其他项目的形象、环境作为本项目的效果。房地产广告效果图或者宣传片中常常会出现利用附近或者周边大型商业体，甚至距离遥远的城市地标、公园、高尔夫球场等作为项目的高端陪衬。

9. 融资

房地产广告中不得出现融资或者变相融资的内容。尤其是商业地产项目，常常出现返租、投资年回报率××%等字样，新规要求类似内容不得出现在广告中。

10. 贷款服务

房地产广告中涉及贷款服务的，应当载明提供贷款的银行名称及贷款额度、年期。

11. 户口、就业、升学

房地产广告中不得含有广告主能够为入住者办理户口、就业、升学等事项的承诺。

第三章
房地产展会营销

展前准备
展前宣传
……

展会营销要点

房展会的类型
房展会的举办时间
……

展会营销认知

作为市场经济的产物,房展会的功能和作用逐渐在扩大,并发展到多元化。随着房地产市场的成熟和完善,房展会也受到消费者越来越多的关注,成为消费者购房前了解市场的必要手段和重要渠道。

第一节 展会营销认知

一、房展会的类型

房地产展销会,简称房展会,可以在短时间内聚集更多的潜在客户,是销售楼盘的好时机。房展会可以分为图3-1所示的两种。

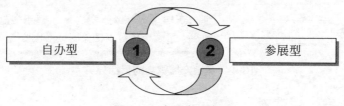

图3-1 房展会的类型

1.自办型

房地产公司自行组织的企业展销会,如金地、万科等大型房地产公司经常自办展销会。

2.参展型

参展型展销会规模往往会很大,主要目的是项目展示、招商引资、研究探讨、政策导向,通常由政府房地产管理部门主办,具有地区性影响力的媒体机构协办。

二、房展会的举办时间

在房地产业发达的一线城市一般一年举办两次房展会,分别在春(五一前后)秋(十一前后)举行。

比如,2016北京秋季房地产展示交易会于2016年9月22～25日在北京展览馆举行;2017北京春季房地产展示交易会于2017年4月13～16日在北京展览馆举办。

三、房展会的展出目标

展出目标是展览工作的基石和方向,展出目标主要根据参展公司的战略和市场条件制定。典型的展出目标主要是展出新楼盘、提升公司形象、市场调研、价格测试、了解购楼者的心态等。房地产展览会的目标分类如图3-2所示。

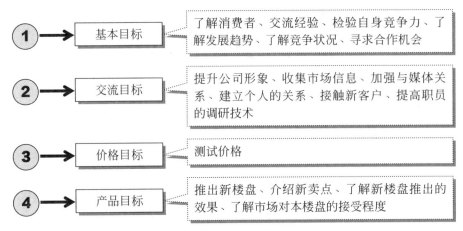

图 3-2　房地产展览会的目标分类

四、影响房展会的因素

影响房展会效果的因素如表 3-1 所示。

表 3-1　影响房展会效果的因素

因素类别	具体说明
时间	（1）五一展会是高潮 （2）春节一个月不可，因应接不暇 （3）清明一个月不可，扫墓不宜购房，且阴雨连绵，出行不便 （4）要避开大型联合交易会 （5）要避开国家禁期
地点	（1）知名度要高、人流要大 （2）项目档次匹配（中档楼盘选择购物广场，高档楼盘选择五星级酒店） （3）交通方便 （4）在目标客户群活动范围内 （5）离销售楼盘现场较近 （6）以设计独特的场地吸引人 （7）参展要选择好的展位
人员	（1）参展人员形象礼仪符合要求 （2）要熟悉项目 （3）要明确自身和竞争对手的优缺点 （4）对客户的咨询要统一口径 （5）如不能成交，要尽量留下客户资料 （6）分组以提高工作效率
现场包装	（1）展台设计独特，体现项目档次和风格包装 （2）其他活动相结合，以吸引眼球，产生明星效应

续表

因素类别	具体说明
现场包装	（3）有一定的客户休息、洽谈空间 （4）现场POP醒目、精美效果图、大屏幕电视录像、模型 （5）条件允许可以造样板房（装修材料品牌标明） （6）入口礼仪小姐引导 （7）传单派发 （8）礼品派发 （9）假客户制造人气
广告	（1）前两周开始投入广告，展会越临近，广告投放量越大 （2）选择合理覆盖面的媒体 （3）展会结束，广告致谢，说明本楼盘的吸引力和出众
外围	（1）展外广场的广告配合 （2）道路旗帜广告 （3）接送项目现场的交通工具（车上解说员） （4）现场售楼部的配合 （5）各种销售资料的准备 （6）销售人员的培训 （7）总经理坐镇现场以示重视 （8）折扣决策的及时

第二节 展会营销要点

一、展前准备

展前准备工作包括展前物资准备和楼书制作。

1. 物资准备

物资准备包括展架、项目沙盘、地面的覆盖物、照明色彩等。

（1）项目沙盘、视频宣传片、项目针对信息和整体项目概念推广的DM等准备充分。

（2）展架。展览架是展出的主要的、基本的道具，可分为定制展览架和组合展架。

（3）地面覆盖物。地面覆盖物有木板、地毯、橡胶、化纤拼板、化纤地板革多种形式。

（4）展具和展台用品。如展柜、展架、展隔板、展板、图框、图架、楼书资料、桌、椅、沙发、酒吧台、茶几、烟灰缸等。

(5) 其他装饰用品等。

2. 楼书制作

楼书是房地产开发商或销售代理商宣传楼盘、吸引购房者的重要资料。一份优秀的楼书可以生动地表现产品，加深客户印象，促成楼盘交易，提升公司与楼盘的整体形象。好的楼书应具有以下特点，如图3-3所示。

特点一	与楼盘和整个宣传风格相一致
特点二	印刷精美，图文并茂，品位和品质感强
特点三	充分展现楼盘和套型的优点
特点四	详实介绍产品位置、配置配套、周边情况，信息丰富、准确
特点五	楼书的开本要大小适中，便于携带
特点六	售楼地址、电话、发展商、设计单位等内容齐全
特点七	电子楼书的制作与发布要与纸质楼书风格、内容等相统一，同时便于浏览及进行意见反馈

图3-3　好的楼书应具有的特点

二、展前宣传

参展本身是一种宣传，要充分利用展会短暂而宝贵的时间集中造势，房地产企业必须在展前做好楼盘宣传工作。

1. 广告宣传

广告宣传在整个展览过程中扮演主要角色，房地产企业应在展览会前利用电视、广播媒体进行宣传，或在媒体行业的专业杂志以及展览会刊上刊登广告及楼盘的特别报道。最好提前将刊有楼盘彩页的专业杂志寄给目前及潜在的顾客群，并附信提醒顾客，这些楼盘将于展会上展出，同时赠上展会入场券或贵宾卡，附注自己的摊位号，使客商感到十分荣幸来展会参观。

2. 网页宣传

房地产企业亦可在参展前，制作自己的宣传网页在网上做宣传并做链接，提高楼盘的知名度，并与客户在网上探讨技术问题，相约在展览期间的会谈。

3. 社交媒体

房地产企业也可以利用QQ、微博、博客及微信等全方位的社交媒体宣传。让更多的潜在买家关注企业参展的消息,并热情邀请他们到会参观。

三、展厅布置

1. 展厅布置的注意事项

展厅布置的注意事项如下。

(1) 利用现场强大的视听冲击,多方位地展示项目的高端品质形象,配合现场置业顾问的专业讲解,让项目的品牌形象深入人心。

(2) 置业顾问统一着装。这样显得楼盘销售队伍有朝气,置业顾问要具备良好的沟通意识和亲和力。

(3) 合理规划现场背景墙、拱门、喷绘、展板、横幅(空飘)等,做好灯光照明;促销广告语放在醒目位置;房型整体模型布置。将楼盘沙盘放置于售楼大厅中心区域,各个楼型与周边环境应用醒目字样标示,让客户对楼盘规模及周边业态情况一目了然。

(4) 合理划分案场区域,分设休息区、商务区等。休息区放置一些报纸、杂志以及楼盘广告等,供来客阅读。商务区是置业顾问与客户洽谈合约的地方,便于营造良好的销售氛围。

2. 展厅布置工作重点

房地产开发企业自办展会的展厅布置工作重点如表3-2所示。

表3-2 展厅布置的工作重点

序号	工作重点	具体说明
1	入口	展厅入口应安排礼仪小姐发放"楼书",招呼客户入场参观,收集客户的个人资料
2	展示馆	展示馆要悬挂描述楼盘项目的精美效果图,可适当介绍房地产企业,展示雄厚的实力以取得信任,布置大屏幕电视录像,介绍楼盘的详细情况,包括周围的环境、交通、楼房细部等。陈列楼盘的总体规划和典型的模型,置业顾问要配合向客户介绍整个楼盘的情况,回答客户提出的问题
3	样板房	(1) 根据项目的市场定位,对典型的房型进行室内装饰布置,使用简牌说明哪些装修、装饰材料是附送的,使用的牌子、规格,力求使客户感到房屋的舒适、实用 (2) 通过专业人士的装修设计、布置家居,以掩盖房间布局的缺陷。置业顾问可重点向客人介绍房间的舒适度,布局的合理性、实用性

续表

序号	工作重点	具体说明
4	售楼部	展示已售出楼盘情况，置业顾问主要同客户谈论如何选择其能够承担的单位、付款方式、按揭、税费以及有关法律手续等问题
5	展厅大小	并不是越大的展厅越好，展厅大小的选择主要考虑房地产企业的经济能力以及能否有利于制造热烈的销售气氛

四、展会氛围营造

展厅销售氛围营造，需要由宣传物、灯光照明、展厅绿植、背景音乐、空调、茶水饮料、办公用品等组成。各类物品的要求如表3-3所示。

表3-3 营造销售氛围的各类物品管理要求

序号	物品名称	管理要求
1	宣传物	（1）产品资料架和其他宣传物，如横幅、易拉宝、围栏看板、刀旗、吊旗、挂旗、海报、大型喷绘布幔等依照规范布置。产品资料架上资料数量充足，兼顾各种房型，每一品种保持20份 （2）每天早上清洁资料架并检视资料数量，营业期间遇有不足则立即补充。过期、破损制作物应立即更换或去除，摆放位置符合规范，不得阻碍展厅内视线。展厅内不得悬挂非本店认可的宣传物
2	灯光照明	每日检视灯光亮度，营业时间内维持明亮的照明，准备好备用灯泡。展厅外照明必须经常检查维护，如有损坏立即更换。每日下班后展厅内灯光照明延长2小时，强化夜间的品牌展示效果
3	展厅绿植	每日营业前喷水1次，冲刷植物叶面，去除灰尘，保持光鲜。及时清理绿植的枯叶、纸屑、烟头等杂物。前玻璃幕墙不能摆放超过50厘米高的盆栽，避免影响视线及通透性；高于50厘米的植物应放于办公室之间的立墙前
4	背景音乐	营业时间内播放轻松优雅的音乐。当举办节日活动或促销活动时，应播放活泼动感音乐营造活动气氛。但播放时应注意音量，不得造成听觉压力或干扰与客户的沟通交流
5	空调	展厅内的温度适宜，冬季最低温度为16℃，夏季最低温度为26℃。空调机每半年检查清洗1次，确保功能正常及空气洁净
6	茶水饮料	展厅内必须准备饮料推车，推车上各种免费饮料应在3种以上，且数量充足
7	办公用品	纸杯、信封、信纸、名片、工作牌、手提袋等要符合CI（Corporate Image）标准

五、展会人员管理

在房展会的展位上宣传,其实就等于在项目销售现场做宣传,所以现场宣传人员的能力决定了房展会上宣传的效果,甚至更远一点,也会影响房展会后商业地产项目的销售业绩。表3-4列出了在展会各阶段的销售人员工作职责和要求。

表3-4 展会各阶段的销售人员工作职责和要求

阶段	工作职责	要求
展会现场	(1)利用人多热闹的气氛进行促销(项目主动介绍和DM派发) (2)完成销售,清楚解说,签置认购书 (3)对未购买但已推销的客户进行登记及跟进 (4)利用展会后的优惠进一步催促客户下定金	(1)着装统一、干净 (2)展场整洁 (3)资料齐全 (4)尽量掌握意向客户的资料
会后跟进	(1)对未购买的客户进行全面跟进,了解未定的原因,进一步推销 (2)与客户服务部保持联系,确定客户依期签署合同及交款	(1)确保所有客人都已跟进 (2)确保所有买家按时签合同,依时付款
项目现场	(1)对来访、来电客户进行推销、跟进 (2)保持售楼部与示范单位整洁干净 (3)保证售楼部有充足的销售费用,方便正常运作	(1)确保来访、来电客户登记、推销、跟进 (2)确保销售部及示范单位正常运作,整洁明了

下面提供一份××地产房交会参展策划方案的范本,仅供参考。

 范本:××地产房交会参展策划方案 ▶▶▶------------------

一、展会状况

展会名称:2017年××春季房交会

主办单位:××市国土资源和房屋管理局
　　　　　××市××区人民政府

承办单位:××市房地产协会

日程安排:预计时间为4月14～20日,其中4月14～16日为布展时间,4月17日开幕,4月17～20日为展览。

展会地点:××市会展中心

二、展会背景

(一)展会分析

1.专业性

××市房地产展示交易会暨建材及住宅部品展（简称××房交会）一年举办两届，分春季房交会和秋季房交会。

2. 品牌性

参展开发商都是本市乃至全国的大品牌，例如：万科、龙湖、金科、绿地、中渝、协信等开发商。

3. 权威性

经××市国土资源和房屋管理局批准，由××房地产业协会主办，××展览中心有限公司承办。

4. 国际性

2017年××房交会是在××范围内举行的一次大型展览，是××2017年房地产市场快速增长的主要推动力，也将推动中国××房地产市场的新征程，使××的房地产发展走出全国走向世界。

（二）与会者分析

1. 参展商

（1）知名品牌房地产：绿地、龙湖、万科、金科、万达、中渝、协信、华宇等。

（2）一般品牌房地产：欧鹏、隆鑫、大川、晋愉、同创、同景、钢运、易居等。

2. 宣传媒体

（1）电视台：××卫视、××都市频道、××新闻频道、××生活频道。

（2）报纸：××晨报、××晚报、××商报、××时报。

（3）网络：搜房、新浪、腾讯网、房酷网、安居客。

三、参展目标

（1）提高《××·新都会》与《××·海棠湾》的项目知名度，提高社会知名度，为××树立良好的社会形象。

（2）深化人脉传播，扩大××的影响力，树立××品牌市场的公信力，提升《××·新都会》与《××·海棠湾》在购房者和潜在客户心中的地位。

（3）短期增加《××·新都会》与《××·海棠湾》的销售量，通过本次房交会吸引目标客户的关注，更为后期商业和住宅的销售在客户的心中打下坚实的基础。

四、参展策略

参展主题：依水而建的山城

　　　　　　大户人家的品鉴之旅

参展位置：2号馆2B13

参展楼盘:《××·新都会》《××·海棠湾》

展位设计:合理利用展位提供的有限空间,考虑人流心理及流向,应当符合参观对象的审美和最近的时尚元素,也应结合施工难度及成本因素来设计展位,最后还要注意各方面的安全因素。

五、宣传推广策略

(一)宣传推广对象

喜欢享受高档生活,拥有独特的品位和身份的成功人士。

(二)宣传推广目标

(1)使××文化得到广泛传播,吸引更多的目标消费群体来参加此次的活动。

(2)加深××地产在消费者心中的印象。

(3)树立良好的品牌,为此搭建一个专业化的信息平台和交易平台。

(4)增强内部员工对公司的信心。

(三)宣传推广媒体

1. 单立柱广告

(1)投放时间:2017年4月10~20日。

(2)投放地点:××市区内、××各高速路口、立交桥。

(3)投放规格:4米×6米。

(4)投放原因:主城区高速路口、立交桥处车流量众多,可以达到更好的宣传效果。

2. 报纸广告

(1)广告内容

引文:假如生活总是一"城"不变,那精彩的人生又有何意义?

标题:××翠谷——点亮燃情岁月

正文:××翠谷后洛可可时代,回味过去,捉住未来,不同的风情文化,不同的水土人情,燃情岁月,期待在此点亮。2017年4月17日与您相约××会展中心。

(2)媒体选择。分别于2017年4月7~8日、4月14~15日在××晚报、××商报两家媒体上刊登广告。

3. 展中推广

(1)聘请20名兼职人员在房交会期间进行DM单和楼书派发宣传。

(2)户外活动推广宣传。

(3)楼盘活动宣传。

(4)易拉宝宣传。

（5）短信宣传。

① 发放内容：期待开启新一轮的人生？期待遇见不一样的风景？××地产与您怀揣同一种期盼，在2号馆2B13和您与希望同行。

② 发放时间：2017年4月17～20日。

4. 展会推广

（1）广告内容：燃情岁月，点亮青春。感谢2017春季房交会给予我们的机会，感谢各位消费者给予我们的支持。本次展会我们××地产取得完美成功，超标完成了展会前各项目标，销量屡创新高，达成房交会销售前列，更是提高了公司的士气。我们有信心，在不远的将来，做出更多更好的产品回馈您毫无保留的信赖。

（2）媒体选择：于2017年4月21～22日、2017年4月28～29日在××交通广播电台播放。

六、展会现场活动

（一）活动目的

（1）大力宣传××，为××地产收集意向潜在客户信息。

（2）通过本次活动，提高企业知名度，为××地产树立良好的正面形象。

（3）抓住房交会热销期这一重要营销节点，趁热打铁，吸引更多目标人群来访，最终促进余货销售。

（二）活动主题

绿无垠，爱无疆，让生活更美好。

（三）活动时间

2017年4月17日～2017年4月20日。

（四）活动地点

××国际会议展览中心。

（五）活动形式

活动一：水果传单

活动二：礼仪小姐绕场行走

活动三：兼职场内拉客

活动四：购房消费优惠

活动五：登记看房获抽奖

活动六：买房送家居优惠套餐券

活动七：二手房价值免费评估

（六）活动流程

时间	活动内容	备注说明
8:30～9:00	展会准备及展示	工作人员为展会准备
9:00	展会热烈进行中，开始派发水果传单，所有活动开始，兼职人员开始拉客，礼仪小姐进行游场	工作人员各尽其责
10:00	接第一批意向客户去楼盘看房	—
11:00	接第二批意向客户去楼盘看房	—
11:30～13:40	休息时间	工作人员午休时间
14:00	展会再次开展，所有活动开始	工作人员开始工作
15:00	接第三批意向客户去楼盘看房	—
16:00	接第四批意向客户去楼盘看房	—
16:50～17:10	房交会结束，各个工作人员总结及统计填报当天的成交量、宣传资料的发放量、赠送礼品多少件、当日接待客户人次	工作人员下班

（七）现场布置

××地产房交会会展室内展馆墙板以金色为主，以显高贵，宽敞的大门显示大气。易拉宝摆放在展台的左侧，以便走过的客户随时观看。室内中心摆放沙盘，供感兴趣的客户直接参观，有问题将随时询问里面的置业顾问。

（八）宣传物料制作

略。

七、人员安排

略。

八、费用预算

略。

第四章
房地产活动营销

随着房地产市场的完善和竞争的加剧,房地产活动营销已经成为各大楼盘吸引客户、聚集人气的重要手段。一个楼盘销售可以不做广告,但是决不能不做活动。尤其是对于陌生区域的楼盘,活动营销更是吸引人气、积累客户的最佳选择。

第一节 活动营销认知

一、活动营销的概念

所谓的活动营销是指企业通过介入重大的社会活动或整合有效的资源策划大型活动而迅速提高企业及其品牌知名度、美誉度和影响力，促进产品销售的一种营销方式。

简单地说，活动营销是围绕活动而展开的营销，以活动为载体，使企业获得品牌的提升或是销量的增长。

二、活动营销的目的

"活动营销"是房地产营销最重要的环节，一个楼盘销售可以不做广告，但决不能不做活动，尤其是对于陌生区域的楼盘，"活动营销"几乎是吸引人气、积累客户的不二之选。

活动营销的目的主要有三个，如图4-1所示。

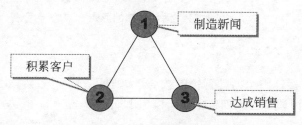

图4-1 活动营销的目的

1. 制造新闻

在项目的亮相、起势阶段，通过制造新闻事件以扩大项目的知名度，拔高项目的形象，提升项目的宣传性，这类的活动营销以制造新闻事件、扩大项目知名度为目的，我们称之为"事件营销"。

2. 积累客户

项目建立知名度后，要解决的问题就是开始积累客户，并且使之改变态度、产生偏好，打造项目美誉度。尤其是先天有缺陷如较偏远的项目，要解决现场人气不足、消除客户抗性、增强吸引力，这都需要"活动营销"。

3. 达成销售

项目建立知名度、美誉度，最终是为了达成销售；项目积累起一批意向客户后就要开始消化,最终将其变成现实客户。

三、活动营销的形式

房地产活动营销的种类应根据项目定位和目标受众,有计划、有系统地进行活动创意、策划、设计和实施,以达到活动目的的专门性,具体活动营销形式如图4-2所示。

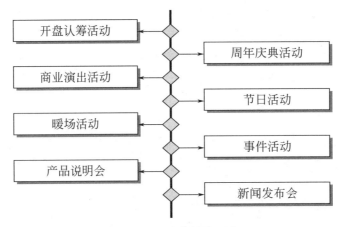

图4-2 活动营销的形式

四、活动营销的流程

活动营销流程是整个活动营销的核心,一般可分为筹备阶段、执行阶段、评估阶段,对每个阶段都必须细致推敲,以免出现差错。

1. 筹备阶段

筹备阶段主要根据既定的方案及人员分工,进行物料准备,与广告代理公司、策划公司进行合同谈判、选址,人员邀请,发布广告等。

2. 执行阶段

执行阶段又可分为活动前、活动中、活动后三个阶段,具体内容见表4-1。

表4-1 执行阶段

阶段类别	具体说明
活动前	对现场的再次检查,人员、礼品及物料的配备到位,来宾接待等
活动中	从主持人宣布活动开始到宣传活动结束为止
活动后	拆场阶段,主要包括放欢送曲、送客、拆场及恢复现场设施等

3. 评估阶段

每项活动都有具体的目标，如客户来访量、客户评价等，与销售结合的活动还有当日成交量、促销效果、是否突破预算等。

第二节　活动营销策划

一、活动营销的定位

活动营销定位是在活动策划期间对活动主题、目标、原则、性质、策略和活动参与者等各项事宜进行明确。活动定位受楼盘类型、楼盘规模、项目自身资源、客户定位、销售状况和销售期等因素影响。具体如图4-3所示。

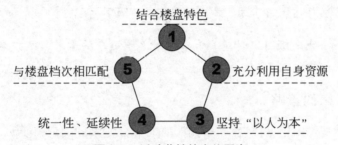

图4-3　活动营销的定位因素

1. 结合楼盘特色

物业的差异化决定营销活动的差异，活动营销必须结合楼盘自身特色，这样，才可以在活动中突出体现楼盘主题，更好地向消费者和社会宣扬楼盘的个性化形象。

如万科的金域蓝湾，不定期举办的活动都是围绕项目"尊贵、优雅"的生活方式特色展开的，提高了楼盘的品牌影响，使得金域蓝湾成为高雅的代名词。

2. 充分利用自身资源

活动内容应与楼盘的自身资源包括自然资源和房地产企业的社会资源紧密结合。充分利用自身资源，不但可以充分展示楼盘的资源特色，而且有利于控制活动成本。

3. 坚持"以人为本"

"如何吸引更多的人参加活动、如何使参加活动的人满意"是活动的重中之重。因此，活动营销必须坚持"以人为本"，以人性化的思维贯穿活动的始末。

（1）活动的发起必须以活动参与者主体包括业主和目标客户群的兴趣、爱好为出发点。

（2）活动的安排应从参与者角度着想，多开展一些大家都乐于参与的活动，关键在于让客户感觉到房地产企业的细心和体贴。

4. 统一性、延续性

一个楼盘的活动营销往往不只一次活动而已，为了配合销售常常会举办数次间断性活动或短期内的系列活动。各个活动都是针对特定时期的销售工作，具有特定的目的，因此存在活动定位的差异性。但是，各个活动的主题和原则定位应具有统一性和延续性，这样，可以产生"1+1＞2"的活动效应。

5. 与楼盘档次相匹配

不同档次的楼盘具有不同的居住群体和目标客户群体，活动定位应与之相匹配。高档社区举办高品质活动，才显尊贵和具有吸引力。

比如，一个豪宅项目，针对豪宅客户对名牌汽车的需求，举办名车展也许更加能够吸引他们的参加。

二、活动营销的策略

房地产企业可以根据楼盘不同的销售阶段，策划不同的营销活动。

1. 引导预热期

在引导预热期，最主要的销售工作是提高和加强楼盘的知名度和社会影响力。因此，活动目标应定为"造势、聚揽人气"，活动参与者应定位为以目标客户为主，面向广大市民，活动形式多种多样，要求具有轰动性。

2. 公开发售期

公开发售期的活动目的在于加强楼盘对目标客户的吸引力，促进销售。因此，活动目标应定位于展示楼盘特色品质，打造社区文化；活动参与者应具有针对性，应定位为业主和目标客户。活动形式可定位为在社区内会所或售楼部或园林景观带等场所的文化艺术活动。

3. 强销期

强销期是销售目标量最大的时期，活动营销的目的在于如何点燃消费者的购房置业热情，加快楼盘的销售进度。在此期间的营销活动往往是多种营销方式结合的组合营销，如果活动营销占有较大的比重，最好定位为短期内的系列化活动。一个楼盘优秀的社区文化往往可以成为楼盘的"附加值"。

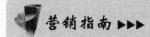

> 在强销期楼盘品质已成为共识的情况下，活动营销应着重宣扬社区文化特色，活动参与者定位为业主和目标客户。

4. 销售持续期

在销售持续期，活动营销一方面要为项目销售服务，另一方面是为了提升楼盘品牌和房地产企业品牌服务。因此，活动形式既可定位为面向目标客户的促销活动，又可定位为面向业主和广大市民的社区文化艺术活动。

三、活动营销的策划

活动营销要取得好的成效，精心策划和彻底执行是关键。房地产企业活动营销策划要点如图4-4所示。

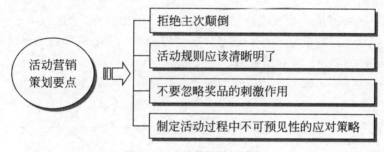

图4-4　活动营销策划要点

1. 拒绝主次颠倒

策划活动的时候，很多人常常会主次颠倒，先从自身开发商的经济实力、承受范围出发思考问题，这样想出来的活动往往是片面的。凡活动皆是为了销售，策划伊始就要从项目针对的目标客户群出发，分析对方真正想要的是什么，什么样的活动最能吸引这部分人参与。

2. 活动规则应该清晰明了

活动规则简单才能方便客户阅读，吸引更多的客户参与，一般最好维持在100字以内，并配以活动介绍插图。插图一定要设计得美观、清晰，并且图片尺寸适度。

3. 不要忽略奖品的刺激作用

只有你满足客户需求，才能够激发他们参与的动力，才会有人踊跃报名。奖励机制包括一次性奖励和阶段性奖励。奖品设置要满足图4-5所示的条件。

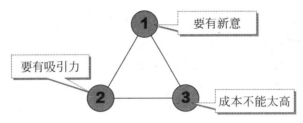

图4-5　活动奖品的设置

比如，印有项目logo的精美生活用品如水杯、纸巾盒等，既经济实用，还能够起到宣传作用。

4. 制定活动过程中不可预见性的应对策略

一场活动策划的很完美，但是过程中总会出现许多超乎想象的问题，包括竞争对手策略的变化。特别是一些举办时间长的活动，中间很容易出现疲软和倦怠，此时，策划师必须及时地做出应对策略，并且根据活动过程中出现的问题做出调整，根据情况而定。

一场活动并不是一个人能够完成的，需要活动出资方、组织方、执行方的通力配合才能成事，好的活动，必定是倾听多方意见、头脑风暴总结出的精华，也必定是经过多方努力，互相监督酿造出的精品。

下面提供一份××地产周末暖场活动方案的范本，仅供参考。

范本：××地产周末暖场活动方案

一、活动目的

（1）活跃现场气氛，周末暖场，增加现场人气，提高现场转化率。

（2）客户答谢活动，进行项目社区文化营造与感受，带动老客户介绍新客户。

（3）通过口碑扩大项目影响力与知名度。

二、活动主题

周末休闲体验之旅。

三、活动时间

待定。

四、活动地点

销售中心及景观展示区。

五、目标客户

（1）登记意向客户。

（2）前期成交客户。

备注：①活动的正常人数控制在50～80人。

②为实现广泛影响，前期宣传已通过媒体广告完成。

六、活动要素

1. 迎宾区

（1）迎宾时间。9:30开始。

（2）区域人员及职责。2名礼仪人员：身穿礼服或者旗袍，站立于入口两旁用手势迎宾。

（3）区域布置

◇签到背板1块：中国风情和冷餐结合的主题背板。

◇签到台1张：供来宾签到，（售楼部工作人员2名—客户提供）。

◇礼仪小姐2名：身穿中国风情服装的礼仪微笑迎宾，并邀请客户签到。

2. 冷餐区

（1）活动时间。10:00～12:00；14:00～17:00。

（2）区域人员职责。2名蛋糕制作师傅现场制作果盘、糕点、饮料成品，由工作人员负责为来宾递送甜点、果汁等，提升活动效应的持久度，增加好感度。

（3）区域布置

◇自助式餐桌：桌布包装的餐桌上用鲜花点缀。

◇冷餐：餐桌上摆放多种点心及水果。

◇服务生2名：托着饮品盘，为来宾提供饮品。

3. 演艺区（备选）

（1）活动时间。10:00～12:00；14:00～17:00。

（2）区域人员职责。3名西洋乐器演奏师轮番演奏乐器，提升活动的档次，增加好感度。

（3）区域布置

◇演艺人员座椅。

4. DIY区（备选）

（1）活动时间。10:00～11:30；14:00～16:00。

（2）区域人员职责。2名制作师傅现场教授大家制作DIY物品或者体验DIY服务，由工作人员负责为来宾递送甜点、果汁等，提升活动效应的持久度，增加好感度。

（3）区域布置

◇自助式餐桌：桌布包装的餐桌上用鲜花点缀。

◇DIY：餐桌上摆放工具以及物料。

◇服务生2名：托着饮品盘，为来宾提供饮品。

（4）DIY活动推荐

◇头饰DIY。

简介：头花是簪发展而来的首饰，由花头和针梃两部分组成。准备好各色丝及装饰品，为自己制作独一无二的丝带吧。

◇仿真纸花DIY。

简介：制作仿真纸质康乃馨、玫瑰等花，客户可亲手制作带走，并赠送真康乃馨一枝。

◇T恤、帽子DIY。

简介：空白T恤、帽子，彩色的画笔，让单调的帽子、T恤充分展现你张扬、向上、热爱生活、自我的个性吧。

◇香包DIY。

简介：香包是承载传统文化的有效载体，在人际交往、美化环境、陶冶情操、寄情寓志方面起着不可替代的作用。送一个香包，传递一份友情，捎去一份好心情，表达一番美好的祝愿，蕴含着丰富的文化内涵和精神取向。

七、来宾邀约、接待

周六日，未成交到场客户品尝冷餐，待成交客户。

（1）邀约对象。认购客户及意向客户；老带新及投资客户。

（2）来宾统计。50~100人。

（3）邀约方式

◇电话邀请：针对意向客户进行电话邀约。

◇短信邀约：针对意向客户进行短信邀约。

八、保安职责

（1）负责来宾停车安排。

（2）负责游戏区现场的安全。

（3）负责体验区现场的安全。

九、费用预估

（1）基础冷餐服务。包含水果拼盘、糕点、饮料，费用预估_____元（单场价格）。

（2）现场DIY活动。上述推荐活动，其中包含人员、材料、物料运输，费用预估_____元（单场价格）。

第五章
房地产品牌营销

品牌经营策略
品牌营销策略
品牌营销实施要点

品牌营销的要点

品牌营销的概念
品牌营销的意义
品牌营销的关键

品牌营销认知

企业品牌不仅仅是媒体主导之下的知名度,更是一项持续提供超越顾客期望的产品和服务的承诺。企业及其产品要想在竞争对手中脱颖而出,必须拥有独具个性的企业品牌和项目品牌,才能够赢得消费者的关注和信赖。

第一节　品牌营销认知

品牌是企业核心价值的体现，反映了企业经济增长点、企业文化、企业经营模式等综合实力，通过市场的长期推广，在消费者心里形成认同感。这是企业品牌核心价值之所以存在的原因，也是众多企业不惜花费高额费用和大量时间、精力去营建、巩固并小心维护的原因。

一、品牌营销的概念

房地产品牌是由发展商在进行房地产项目开发经营的同时，有计划、有目的地设计、塑造并由社会公众通过对房地产项目的形象、品质和价值的认知而确定的项目商标和企业商标，其本质是公众对发展商和其开发的房地产项目理性认识和感性认识的总和。

房地产品牌由企业品牌和项目品牌共同构成。这一概念主要包括图5-1所示的五方面要素。

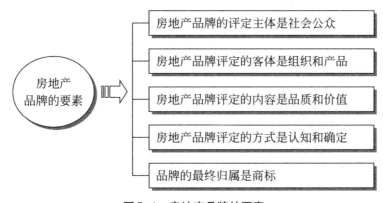

图5-1　房地产品牌的要素

房地产品牌营销是指房地产商借助品牌的力量及魅力开拓市场，提升企业的知名度和美誉度，以求在日趋激烈的市场竞争中能够脱颖而出，这是未来房地产企业市场竞争的必然趋势。品牌营销的核心是以客户需求为导向，一切都以客户为中心，增加客户对企业和项目的认同度和美誉度。如图5-2所示。

二、品牌营销的意义

在房地产行业，成功的知名品牌往往意味着楼盘设计科学、布局合理、质量上乘和物业服务的成熟，同时也意味着更多的市场占有率、更高的销售利润预期

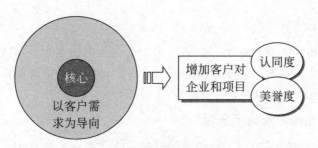

图 5-2　品牌营销的核心

和更好的口碑。因为相比其他不知名的品牌,消费者将更信赖拥有知名品牌的房地产商,企业通过提升产品质量、功能、服务等希望影响消费者的选择,但最终只有通过消费者的切身体验,品牌的价值才能得以体现。

具体来说,房地产实施品牌营销,具有图 5-3 所示的意义。

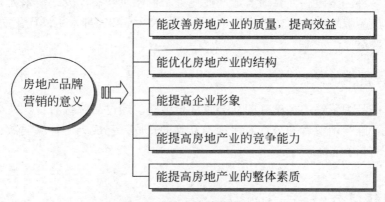

图 5-3　房地产品牌营销的意义

1. 能改善房地产业的质量,提高效益

品牌产品是企业内在水平、素质、管理等综合指标的客观反映,也是消费市场对企业产品质量和信誉的认同,而品牌效应能反映市场消费取向,体现产品优胜劣汰,所以实施品牌战略有利于改善和提高房地产业经济运行的质量和效益,提高企业综合素质。

2. 能优化房地产业的结构

调整产品结构、提高产品质量,就要开发适销对路的新产品,淘汰滞销低劣产品,扩大品牌优势。实施品牌战略,可以提高房地产企业质量、扩大规模、去粗取精、优化房地产企业,通过企业联合、兼并,实施资源共享、优势互补的内涵式扩大再生产,使企业达到规模化、产业化,实现产业链条联动,由数量速度型转向集约型。

3. 能提高企业形象

品牌蕴含和传达着企业全方位的信息，是企业内在水平、素质、管理等综合指标的客观反映。品牌产品是消费市场对企业产品质量和信誉的认同，实施品牌战略能提高企业形象、信誉和经济效益。

4. 能提高房地产业的竞争能力

品牌具有一种特殊效应，是商品的认知标志。在众多商品中，能够让客户熟悉、接受的只是少数。一旦为大众熟悉、接受，就能大大提高传播的速度与效果。实施品牌战略能使企业在竞争中居于主动地位，扩展市场范围，提高房地产业的竞争能力。

5. 能提高房地产业的整体素质

由于多种因素限制，我国房地产业还处于低水平状态，欠缺技术人才和管理经验，实施品牌战略能提高企业整体素质、技术水平和管理水平，优化产业结构，提高经济效益。

三、品牌营销的关键

房地产品牌营销的关键，即社会责任价值观。通过品牌背后富含社会责任的企业文化，赢得消费者和公众对房地产品牌的认同，已成为一种深层次、高水平和智慧型的竞争选择。

> **营销指南** ▶▶▶
>
> 房地产企业主动创造机会履行社会责任，把社会事业与企业竞争战略有机地结合起来，也是提升房地产品牌知名度的有效途径。

对房地产企业而言，社会责任如图5-4所示。

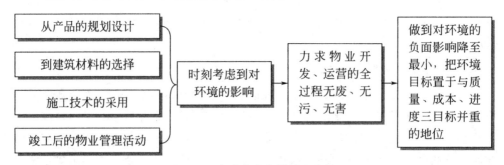

图5-4 房地产企业的社会责任

另外，有了品牌不等于企业就是进了保险箱，品牌的建设与管理要靠创新来支撑。在品牌运营管理的众多因素中，品牌创新是第一位的，是最重要的驱动因素，是品牌的根基。企业只有掌握强有力的知识产权，使产品具有技术领先优势和独特的个性特征，才能在竞争激烈的市场中夺取更大的市场份额。名牌产品不但要靠创新能力，更重要的是提高创新速度，来引领行业发展方向。只有"创新"加"超前"才是制胜的利器。品牌创新的方式如图5-5所示。

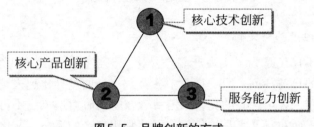

图5-5 品牌创新的方式

房地产业多年来存在着产品类型单一、千楼一式的状况，产品和服务创新的速度迟缓。而不断提升产品和服务的功能、效用和价值，是市场最根本的需求，也是符合房地产企业品牌营销发展规律的。因此，房地产企业的创新行为是值得推崇的。

第二节 品牌营销的要点

在房地产行业，成功的知名品牌往往意味着楼盘设计科学、布局合理、质量上乘和物业服务的成熟，同时也意味着更多的市场占有率、更高的销售利润预期和更好的口碑。

一、品牌经营策略

品牌已不仅是作为产品的代名词，它已涵盖了企业声誉、产品质量、企业形象等多种内在涵义。企业总是通过自己的经营行为、创新活动，力图与顾客建立起以品牌为纽带的联系，顾客则依据自己的偏好、需求，从众多竞争产品中选择自己所喜爱的品牌，两者的结合则是品牌经营。

对于我国的房地产企业来说，随着核心资源的市场化分配途径逐步完善，消费者对房地产商品的需求体现出注重品质和个性化的特点，所以房地产发展商必须重视品牌经营。具体策略如图5-6所示。

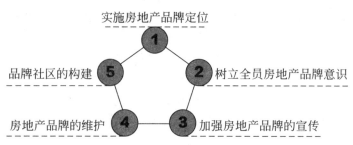

图5-6 房地产品牌经营策略

1. 实施房地产品牌定位

品牌定位不仅仅是为了实现产品差异化，更重要的是为了实现品牌差异化。随着市场竞争的日益加剧，同一行业中各企业产品的差异化越来越难以形成，由于交通条件改善，各项配套的完善，消费者在购房时对地点已不再那么强调，而建筑的立面、平面布置又容易被模仿，因此利用房产的风格、文化、个性等无形因素及其给消费者带来的精神和情感性利益，来塑造房地产企业品牌的独特而有价值的形象，以期进入消费者的心智，占据有利的心理据点，就成为房地产企业品牌定位时首先应当考虑的。

房地产企业品牌的定位并非一成不变的。由于消费者的要求不断变化，市场形势变幻莫测，房地产企业品牌随着市场需求的变化、企业的战略调整，原来的定位可能已无法适应新的环境，对房地产企业品牌的定位应当根据实际情况进行重新定位，突出个性。

个性就是差异，品牌标志着产品的特殊身份，能将自身与其他产品区别开来。突出个性就是创立品牌，每一个品牌都有自己特定的内涵，表明有独特的目标市场和共同认知的产品客户群。

 营销指南 ▶▶▶

房地产企业在开发前期策划时，要突出自己的品牌个性，而不能盲目跟风。

2. 树立全员房地产品牌意识

房地产业创建品牌，很重要的一点就是整个企业的品牌意识问题。房地产企业应该清醒地认识品牌在市场的地位和作用，审时度势，从上到下转变观念，确立以市场为导向，树立和强化品牌意识，并贯彻到每个员工，贯穿于企业的生产、经营和管理的每个环节，落实在每个项目的决策、设计、施工、销售和服务之中，把企业的品牌理念转化成消费者认可的品质、赞誉和服务等实实在在的利益。

现在房地产业很流行的CRM管理体系，从企业全员行为的角度来讲，就是对品牌创建的有力的推动。

比如，招商地产的CRM已经上线运行，其他房地产企业也在紧锣密鼓地推进。全员品牌意识的强化是万科成功的重要因素，在其一贯坚持的"全面立体化发展模式、专业化的基础、以客户为中心的经营理念、优质的设计服务"的经营原则中，万科打造出了精品住宅系列，赢得了消费者，在市场上树立起了响亮的品牌。

3. 加强房地产品牌的宣传

目前，消费者对于住房除了要求品质功能完善之外，同时要求住房的休闲性、保健性、文化性含量提高。对此发展商不仅要注重这方面的建设，而且要让买房客户能感受到。这实际上就是希望让客户增强对项目的感性认识，而创造并丰富感觉，正是公关活动的强项所在。

房地产品牌的宣传可以有多种途径，具体如图5-7所示。

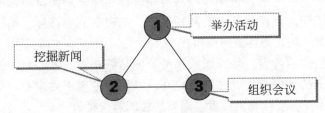

图5-7 房地产品牌的宣传途径

（1）举办活动。在各种公共手段中，活动可能是最具个性化的工具之一，发展商可以根据自己的目标，结合当时当地的情况发展出适宜的、有针对性的、有创意的活动，包括联谊、竞赛、演出、旅游、休闲等。

比如，广州某项目不惜重金举行国宝巡回展，以此来体现企业实力和社会责任感。

（2）挖掘新闻。邀请专家或名人讲话、举办新闻发布会、公司高层领导参加各种新闻活动等，这些新闻都有利于建立公司形象，扩大公司影响。

新闻的挖掘和创造需要讲究一定技巧，具体如图5-8所示。

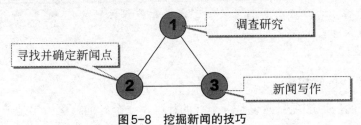

图5-8 挖掘新闻的技巧

策划人员不能只有制造新闻故事的技巧，好的策划人员还应该了解新闻机构的趣味偏好和时效偏好，若公司高层领导人已经成为知名人物，其言行举止都代表着企业文化的浓缩，都受媒体关注，善于把握，同样有利于宣传企业品牌。

（3）组织会议。组织会议是政治公关运用最多的策略，随后被广泛引用到房地产业领域。在房地产界，这一公关形式时下已颇为壮观。组织包括多种，有购房人组织、有业主组织，还包括发展商组织，通过组织的创造有利于强化目标对象的归属感，也有利于增进沟通效率。

4. 房地产品牌的维护

房地产市场是一个逐步发展的市场，消费者和发展商逐步成熟，在市场的发展过程中，难免会出现一些问题，关键是怎样去对待这些问题，这就需要从长远利益打算，进行品牌维护。而且，房地产项目开发周期长，经营风险大，增大了品牌维护难度系数。可见，市场在不停地变化，企业品牌维护是从品牌诞生伊始的一项长期性工作，它贯穿品牌发展的整个过程。

对品牌的发展状况进行长期跟踪，定期进行品牌健康测量，以便及早发现问题，及时对症下药，以保持品牌的高知名度、消费者高忠诚度。品牌从消费者的角度来说，是对产品如何感受的总和。

（1）品牌维护的内容。品牌维护就是维护品牌在消费者心目中的地位，增强品牌对消费者的持续影响力。品牌的建立是以消费者需求为中心，品牌的维护仍然要从消费者出发，要注意消费者与品牌接触的每一个方面。

（2）品牌维护的方法。品牌维护的方法是通过品牌质疑，品牌质疑可以用来审视品牌究竟向市场传递了一些什么样的信息，当然这些信息实际上也就是最终造就了品牌特征的那些东西。

（3）品牌维护的措施。品牌维护的措施是营造良好的品牌内部环境。虽然品牌特征要依赖消费者和潜在消费者生存，但它却是所属公司成员塑造出来的，品牌特征由公司创造的同时，公司的每个成员必须不断地热情支持品牌的建设与发展。

营销指南 ▶▶▶

事实上公司的每个成员都在为品牌的发展和营销做贡献，公司的每个成员好比品牌使者，代表着品牌，公司成员和外界接触的每一刻，都在传播企业的品牌特征。

5. 品牌社区的构建

一个好的房地产项目应该是一个好的社区，一个好的社区一定是一个好学校，一个大众喜欢的、好的品牌房地产项目,必须要构建像学校一样的社区。

一个完整的社区包括图5-9所示的要素。

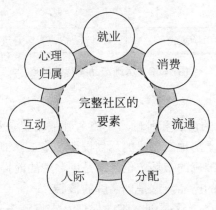

图5-9 完整社区的要素

一个品牌社区在构建时就需要考虑到完整社区所包含的所有要素,在社区范围内尽可能让这些要素达到优化组合。对于房地产企业来说,品牌社区的要点是物业品牌营销。随着人们生活水平的提高,对生活方式和生活质量的要求也随之不断提高,物业的职能不再仅仅是保证社区安全,保持社区环境清洁,它已发展到为社区的业主提供一种和谐的自然生态环境、营造一种文化的氛围、倡导一种生活方式的概念。从社会学的角度认识房地产品牌,它是一个社区系统,是社区文化的营造。

人总是生活在一定的社区中,房地产品牌社区就是要塑造社区成员对本社区的心理归属感。人们在自己所居住的社区中与别人建立各种社会关系,如血缘关系、邻里关系、商业关系等;社区中具备很多满足生活要求的商业服务配套设施,很大程度上讲,这些设施满足了社区中成员心理、生理以及自我发展的需要,久而久之,就会对社区建立起一种特殊的感情。

总之,随着房地产行业各项制度的不断完善,给房地产市场带来巨大的挑战。房地产开发企业在维护自身健康有序发展的同时,必须完善企业品牌建设,提高企业自身的竞争力和影响力,在巨大的市场竞争中充分发挥企业的市场优势,才能在激烈的市场竞争中立于不败之地。

二、品牌营销策略

品牌营销即品牌化活动,它需要企业运用战略营销观念,依靠自身力量并整合社会资源,进行长期的人力、财力、智力投入,通过一系列有计划、有组织、创造性的经营活动来实现。其营销策略如图5-10所示。

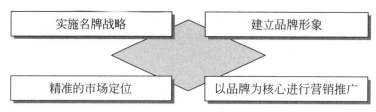

图5-10 房地产品牌营销策略

1. 实施名牌战略

创名牌是品牌营销的前提和基础。实施名牌战略就是将创立房地产名牌以战略目标来对待,并贯穿于房地产项目的规划设计、施工、销售诸环节之中。

(1)要进行科学而准确的市场定位,这是创名牌的前提和基础。

(2)要建造高品质的产品,这是创名牌的核心。

(3)要实行优质服务,这是创名牌的保证。它贯穿于售前、售中和售后服务的全过程。

(4)要设计、彰显不同于竞争对手的、适合目标消费者差异化的个性产品。

比如,结构差异、功能差异、环境差异、风格差异、文化差异或它们的组合,个性可产生差异化的竞争优势。

(5)要树立创新的观念,创新是品牌发展的动力,同时也渗透到创名牌的其他方面。

2. 精准的市场定位

作为房地产企业,必须有前瞻性的眼光、敏锐的市场洞察力,为自己的房产进行精准的市场定位。而精准的市场定位是建立在缜密的市场调查基础之上的,许多成功的品牌都有其较好的市场定位。

> **小案例**
>
> 奥林匹克花园是以"科学运动、健康生活"为开发理念,以"居住在于运动"为形象定位,以"更快、更高、更强"的奥林匹克精神为文化底蕴的大型体育主题连锁社区。奥林匹克花园以推动全民健身和体育产业化进程为根本宗旨,积极实践体育产业和房地产业的资源共享和互动发展,同时大力倡导平等和谐、健康向上的企业文化,开创了一个全新的居住理念,巧妙地将奥林匹克文化融入社区,实现体育与房地产的完美联姻,同时大胆跳出传统建筑工艺思路,实现运动和健康生活互动。

3. 建立品牌形象

通过品牌的整合规划和管理，向目标消费者全方位、有效地传递品牌的核心价值和个性，建立良好的品牌形象。

（1）品牌整合规划。品牌整合规划包括确定品牌定位、品牌核心价值观和建立品牌的识别体系及明确相互关系，具体如图5-12所示。

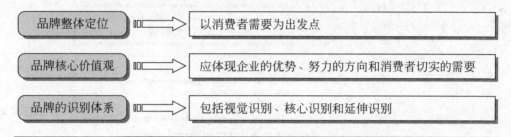

图5-11　品牌整合规划

（2）建立品牌建设的评估标准和管理系统。品牌管理系统的建设主要包括图5-12所示的三个方面。

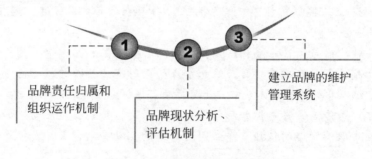

图5-12　品牌管理系统的建设

品牌管理需要建立品牌建设的评估标准，评估指标体系主要包括以下两方面。

第一，结果性指标，包括品牌知名度、顾客品牌忠诚度、品牌美誉度、品牌市场占有率等。

第二，过程性指标，如媒体文章数量或报道数量、参与各种活动数量、营销效果评估等。

4. 以品牌为核心进行营销推广

为了充分发挥品牌的价值，房地产企业在营销推广时必须以独特有效的传播方式将其传播给消费者，并结合其他方式进行整体营销。具体策略如图5-13所示。

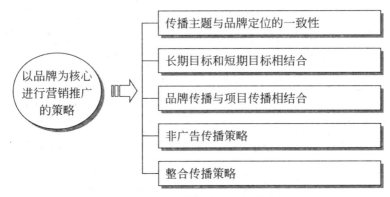

图5-13　以品牌为核心进行营销推广的策略

图5-13所示说明：

（1）传播主题与品牌定位的一致性，通过传播主题，精确、生动地向目标受众传递品牌的核心价值和个性，从而有利于建立良好的形象。所有的传播创意和诉求都应紧紧围绕这个主题进行。

（2）长期目标和短期目标相结合，具体说，短期目标以促进项目销售为主，长期目标以建立品牌形象和客户关系为主，两者兼而有之，可建立起相互结合、相互促进的关系。

（3）品牌传播与项目传播相结合是指以品牌的定位和品牌个性为基础，制定项目品牌传播主题，在推广项目、注意卖点的同时突出品牌的核心价值，将项目品牌的推广纳入品牌传播的体系中，使其对项目销售产生有利影响。

（4）非广告传播策略是指如参与各种公关活动、赞助公益活动、加入业主俱乐部等，在争取消费者的信任，建立同消费者的互动关系方面，发挥着越来越重要的作用。

（5）整合传播策略是指在不同的发展阶段，不同的时间、地点，对于不同关系者，如顾客、合作者、政府机关，各种传播手段的重要性不同，因此在品牌推广的重点和投入方面应有所区别和侧重，这样才能给关系者、客户提供更多价值和利益，传播才更有成效。

三、品牌营销实施要点

房地产企业实施品牌营销战略，需要企业结合自身实力明确能提供什么样的产品，并随着消费者需求的变化调整品牌服务内容。在实施中，应做到图5-14所示的几点。

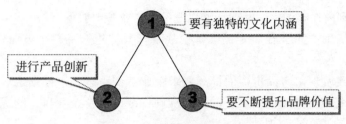

图5-14 品牌营销实施要点

1. 要有独特的文化内涵

实施企业品牌经营,要赋予企业及其产品独特的文化内涵,使企业的产品文化与企业文化一致,产品文化体现企业文化的内涵。

根据马斯洛人性需求原理,消费者选择物业就是选择一种认同感,寻求一种归属感。房地产企业所塑造的品牌形象及其所诠释的产品文化要满足人们的心理需求,赋予产品合乎需求的内涵,营造适宜的文化氛围来迎合消费者的心理。

一个房地产企业往往开发的物业种类多种多样,如居住、商业、公益等,开发时间也有先有后。在对各种产品进行个性化产品定位的基础上,统一整体风格、体现品牌特色、提升品牌价值,是企业品牌经营的核心所在。它从多方面体现了企业的经营能力,决定了企业市场竞争力的强弱。

因此,在建立品牌营销战略时,房地产企业要注意品牌定位的时间与空间的整体性,采取独立的产品品牌与企业品牌相结合的策略,具体如图5-15所示。

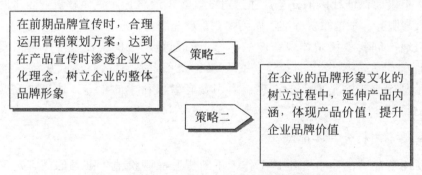

图5-15 产品品牌与企业品牌相结合的策略

2. 进行产品创新

在保证产品价值的基础上,进行产品的创新。产品价值是顾客期望从某一特定产品或服务中获得的利益,它包括产品价值、服务价值、人员价值和形象价值。房屋具有必需品和奢侈品二重属性,大部分人在必须购买房屋的基础上,要接受房屋的高价格。许多人要为之付出一生积蓄,在购买时将会注重房地产的各个方面，从外形到内在牢固性，从前期购房服务到物业管理服务。

因此，房地产企业在制定品牌营销战略时要注重产品各个方面价值的保证，如房屋质量、服务质量等。

经过实践发现，产品价值的提高要求企业有创新意识，根据宏观政策的发展和市场的周期性对市场的发展方向进行准确推测，结合企业自身的优势找出适合企业的创新点，如图5-6所示。

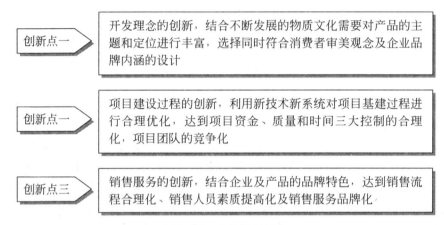

图5-16 企业的创新点

在客户服务上，通过对物业公司、客户服务部、工程项目部信息共享化的基础上，不仅要保证社区的安全，注意对社区环境的维护，更要解决业主平时生活上的维修服务，规范收费标准，做到物业管理品牌化。

房地产创新不仅是体现在产品形态上的创新，还体现在通过了解消费者投资心理的研究上所做出的投资价值创新。最终品牌理念渗透到房地产的全周期，用品牌来影响消费者的心理，对消费者做出科学的指导，达到提高客户满意度的目的。

3．要不断提升品牌价值

要注重品牌的定位和维护工作，不断提升品牌价值。准确的品牌定位有利于产品的个性化与特色化的创建，不同的品牌定位代表不同的产品特色，满足不同消费者的需求，适应不同的细分市场，能够使企业资源有效地与特定细分市场结合。

品牌维护工作能加强消费者对该品牌的认知度和品牌美誉度，使房地产企业保持或增加市场占有份额。为了能使房地产企业在知名度上更上一个台阶，进而可以在销售价格上有所提升、成本缩减、扩大市场占有份额，以实现对企业的可持续发展提供强有力的支撑，企业应做到图5-17所示的几点。

要点一	要建立品牌管理系统和品牌评估系统
要点二	要持续一致地投资品牌，持续不断地深度开发品牌产品，深化品牌内涵
要点三	要不断强化品牌的正向扩张力，扩大市场占有率，扩大品牌认知度和美誉度

图5-17 品牌维护工作要点

相关链接

万达是如何不花钱打造品牌超级IP的

万达集团董事长王健林，是中国新晋的"超级网红"，一举一动、一言一行都具有极大的传播价值。

在万达品牌传播团队的精心运作下，王健林的三个生活小细节——年初的"年会唱摇滚"、年中的"定个一亿元的小目标"、年末的"首富一日行程单"——变身成为轰动中国媒体和社交网络的现象级热点事件，王健林的形象也从"高冷的传统企业家"成功转变为"互联网+时代的超级网红"，为万达集团打造了一个超级个人IP，创造了令人震惊的品牌价值。

截至2016年12月9日，估算"王健林唱歌视频"全球视频点击量突破27.6亿，海外点击量达4.96亿。

截至2016年12月11日，"小目标"全网信息量约为1.37亿条，覆盖人群35.5亿人次。这还没有计算12月20日"小目标"当选年度汉语词引发的新一轮传播高潮。对"小目标"进行的广告价值评估结果表明，"小目标"因其娱乐性、适用性、多维扩展创造性等特点，极易在互联网平台传播，广告传播价值超过7亿元。

截至2016年12月15日，"首富一日行程单"全网信息量突破1400万条，覆盖人群5.5亿人次。

而做到这一切，万达居然并没有花什么钱，他们究竟是怎么做到的？

秘诀之一：动脑子做正确的事

做品牌传播的第一要点是搞清楚"我们要做一个什么样的品牌"。万达的品牌传播之所以事半功倍，就是因为在正确的时间做了正确的事情。

一方面，在社交网络时代，企业品牌要实现与消费者的近距离沟通，就要变得更加个性与人格化。而打造企业家网红和企业家的个人IP，通过塑造企

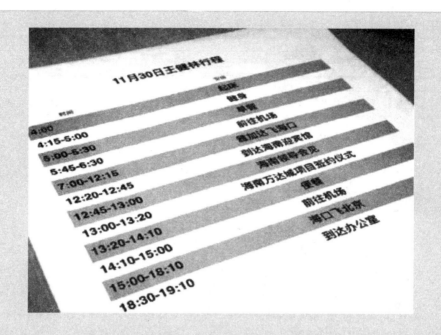

业家自身影响力来扩大企业影响力，使企业家成为企业在社交网络中的引爆中介，为企业争取更多的曝光机会，是企业进行品牌传播的最IN潮流。

另一方面，万达集团正在从一个房地产公司转型为一个以大众消费、文化创意为先导和中心的超级全球化企业，面向普通大众，但曾经的"中国商业地产第一品牌"，形象高冷，距离消费者远，低频，必须重塑亲近、开放的品牌特性。

所以，打造王健林的个人品牌，带动万达集团品牌，势在必行。万达的基础很好，历史悠久，中国几乎人尽皆知，而且王健林本人言辞机敏，形象好，又不缺乏大众喜爱的特质（比如会唱歌），走"网红"这条路舍我其谁？

秘诀之二：情怀也得接地气

做一个网红企业家，绝非蹭蹭热点、发发狂言能做到的。观众希望看到的，是情怀。

实际上，情怀对应的是消费者对品牌的情感。人的大脑总是倾向情感，而不是理智，在互联网+时代，情感才是主导消费者行为的统帅。在时代的大变革中做网红，唯有与消费者建立深厚的情感沟通，才能取得意料之中的传播效果。

这一点在万达的网红打造过程中表现突出：王健林的个人特质和情怀特别接地气，取得了极佳的传播效果。

通过"首富唱摇滚",王健林向全球展现了他的创新意识、个人魅力,与大众对唱歌和摇滚的爱好打成一片,凭实力唱功圈粉无数;通过"小目标"和"一日行程单",王健林"建立百年万达"的远大的志向和不忘初心的奋斗精神广为传播,并与当下中国人乐观奋斗、积极向上的正能量高度契合,甚至成为"中国梦"的一个载体,向公众传达激励人心的力量。

王健林的情怀引发了公众积极回应。"小目标"风靡初期,广大网民对"小目标"进行再创造,表现出一股苦中作乐积极向上的正能量精神;而相关10万+热文普遍以热点营销、正能量鸡汤、娱乐调侃、表情包汇总为主,整体舆论正面情感占比91.42%,中性情感占比8.58%。

秘诀之三:引爆病毒式传播有神器

巨大的传播效果数据背后,是轰动性的病毒式传播浪潮。万达的成功秘诀在于:我自己就是KOL!

2015年11月,万达集团成立了新媒体联盟,融合了万达内部的新媒体传播资源。截至目前,该联盟涵盖万达集团及下属系统共609个微信号,粉丝3500万人;微博账号454个,3600万粉丝。

万达在2016年有一个重大的传播创新,这个创新将影响到企业品牌传播的未来趋势。

站在这样一个粉丝量级上,万达完全可以充分利用联盟力量,轻而易举地将品牌信息打造成为热点。有了热点就好办了,主流媒体不用说就会迅速跟进,什么大号、大V、达人都会投合热点加入进来,主动进行病毒式传播。在三个热点事件中,这两个联盟出力不小。比如,"首富行程单"的传播路径中,万达集团自媒体联盟的跟进传播发挥了很大作用,有效带动微信、微博平台的舆论热度,并受到微信最大号"人民日报"的关注,再次引爆话题。万达自媒体联盟账号的及时驱动,引发外部"自来水"大号纷纷跟进,用几乎为零的成本创造了相当惊人的传播量。

秘诀之四:控制传播过程的"无形之手"

信息爆炸时代,热点信息快速更迭,持续时间极短。然而,万达的三个现象级事件,热点话题持续时间都很长;"首富摇滚"话题持续了20天的超长周期,"小目标"持续了近5个月,"首富行程单"也持续了一个星期以上。

这应该归功于万达品牌营销团队精准动态把控舆情周期,分段发力推进话题热度,把热点话题用尽用足。万达的"无形之手"总是在热度回落的时间节点再度发力,不断增加新的话题语料,吸引网民参与互动,延长话题持续时间。

在"首富摇滚"话题传播中,万达官方适时推出"首富的三大爱好"系列文章微博打榜,提出"上春晚"话题,分阶段推动了热点继续传播。在"小目标"传播中,"小目标"在流行初期主要是作为一种自嘲的反讽修辞,触发人们对贫富差距的戏谑和"苦笑",但2016年8月29日万达公众号立即推文《据说"小目标"刷屏了,真相在此》,并在各大门户迅速刊发,及时把舆论引向首富奋斗拼搏的事业心上,挤压了极少数负面言论生存空间;后来,万达又组织了漫画、段子手等全民创作,进一步推动小目标成为网络文化现象。

每当热点话题发酵到一定程度,万达立即推出王健林的其他正面信息和万达集团的品牌信息,比如首富做慈善,万达简史视频,万达"文化、商业、金融"的产业布局等,让网友直呼万达将要称霸世界。

第二部分
网络营销

第六章
房地产网络营销概述

网络营销的概念
网络营销的功能
网络营销的方式
网络营销的优势

网络营销认知

房地产网络营销的必要性
房地产网络营销的作用
房地产网络营销的优势
房地产网络营销的策略

房地产与网络营销

在这个网络营销急速蔓延的时代,将房地产与互联网强势结合,可为购房者提供更多的购房信息,也可为开发商创造前所未见的营销平台。房地产企业选择网络营销,正已成为不可逆转的潮流。

第一节　网络营销认知

一、网络营销的概念

网络营销指基于PC互联网、移动互联网平台，利用信息技术与软件工程，满足商家与客户之间交换概念、交易产品、提供服务的过程；通过在线活动创造、宣传和传递客户价值，并对客户关系进行管理，以达到一定营销目的的新型营销活动。

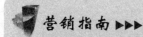

　　网络营销不单单是一种营销手段，更是一种文化，信息化社会的新文化，引导媒体进入一个新的模式。

二、网络营销的功能

网络营销是企业整体营销战略的一个组成部分，是为实现企业总体经营目标所进行的，以互联网为基本手段营造网上经营环境的各种活动。网络营销具有图6-1所示的功能。

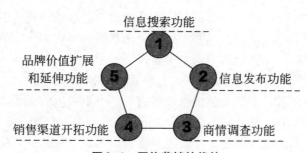

图6-1　网络营销的优势

1. 信息搜索功能

信息的搜索功能是网络营销进击能力的一种反映。在网络营销中，利用多种搜索方法，主动地、积极地获取有用的信息和商机；主动地进行价格比较，主动地了解对手的竞争态势，主动地通过搜索获取商业情报，进行决策研究。搜索功能已经成为了营销主体能动性的一种表现，一种提升网络经营能力的进击手段和竞争手段。

随着信息搜索功能由单一向集群化、智能化的发展,以及向定向邮件搜索技术的延伸,使网络搜索的商业价值得到了进一步的扩展和发挥,寻找网上营销目标将成为一件易事。

2. 信息发布功能

发布信息是网络营销的主要方法之一,也是网络营销的一种基本职能。无论哪种营销方式,都要将一定的信息传递给目标人群。但是网络营销所具有的强大信息发布功能,是传统营销方式所无法比拟的。

网络营销可以把信息发布到全球任何一个地点,其信息的扩散范围、停留时间、表现形式、延伸效果、公关能力、穿透能力,都是最佳的。其效果如图6-2所示。

图6-2 网络营销的信息发布功能

另外,在网络营销中,网上信息发布以后,可以能动地进行跟踪,获得回复,可以进行回复后的再交流和再沟通。因此,信息发布的效果明显。

3. 商情调查功能

网络营销中的商情调查具有重要的商业价值。对市场和商情的准确把握,是网络营销中一种不可或缺的方法和手段,是现代商战中对市场态势和竞争对手情况的一种电子侦察。在激烈的市场竞争条件下,主动地了解商情、研究趋势、分析顾客心理、窥探竞争对手动态是确定竞争战略的基础和前提。

通过在线调查或者电子询问调查表等方式,不仅可以省去了大量的人力、物力,而且可以在线生成网上市场调研的分析报告、趋势分析图表和综合调查报告。其效率之高、成本之低、节奏之快、范围之大,都是以往其他任何调查形式所做不到的。这就为广大商家,提供了一种市场的快速反应能力,为企业的科学决策奠定了坚实的基础。

4. 销售渠道开拓功能

网络具有极强的进击力和穿透力。传统经济时代的经济壁垒,地区封锁、人为屏障、交通阻隔、资金限制、语言障碍、信息封闭等,都阻挡不住网络营销信息的传播和扩散。新技术的诱惑力,新产品的展示力,文图并茂、声像俱显的昭示力,网上路演的亲和力,地毯式发布和爆炸式增长的覆盖力,将整合为一种综合的信息进击能力,快速地打通封闭的运载冰,疏通种种渠道,打开进击的路线,实现和完成市场的开拓使命。这种快速、这种神奇、这种态势、这种生动是任何媒体、任何其他手段所无法比拟的。

5. 品牌价值扩展和延伸功能

美国广告专家莱利预言:未来的营销是品牌的战争。拥有市场比拥有工厂更重要。拥有市场的唯一办法,就是拥有占市场主导地位的品牌。

随着互联网的出现,不仅给品牌带来了新的生机和活力,而且推动和促进了品牌的拓展和扩散。实践证明,互联网不仅拥有品牌、承认品牌而且能重塑品牌形象,提升品牌的核心价值。

三、网络营销的方式

常见的网络营销方式如表6-1所示。

表6-1 网络营销的方式

序号	营销方式	具体说明
1	搜索引擎营销	即SEM,通过搜索引擎竞价,让用户搜索关联关键词,并进入网站/网页进一步了解自己所需要了解的信息,通过拨打客服电话或者是在线客服沟通来实现营销的目的
2	搜索引擎优化	即SEO,指的是在了解搜索引擎自然排名机制的基础上,使用网站内及网站外的优化手段,使网站在搜索引擎的关键词排名提高,从而获得流量,进而产生直接销售或建立网络品牌的目的
3	电子邮件营销	电子邮件是一种直接与客户交流的方式,是增加客户信赖以及黏性的手段之一
4	即时通信营销	即时通信营销方式的特点是直接、快速、高效,可以有效拉近双方距离
5	病毒式营销	病毒式营销主要是利用受众心理而产生的一种自发式营销模式,注重参与感、互动感以及趣味性
6	BBS营销	目前论坛的应用十分广泛,比如说知乎、百度论坛、天涯等,已然一片欣欣向荣,形成了强有力的社群营销模式
7	博客营销	博客营销在前些年是十分普遍的,博客也是SEO网页抓取的关键之一,要注重原创性以及实用性
8	微博营销	微博是web2.0的重要产物之一,它注重互动性、趣味性,是粉丝效应的一种极致运用
9	微信营销	微信具备超级体量,用户可以通过微信第一时间向公司提问,参与互动,甚至是线上预约。目前火热的H5主要就是利用微信进行的一种互动营销模式

续表

序号	营销方式	具体说明
10	视频营销	利用视觉做营销,一直是最好的营销方式之一,尤其是那些创意性好、点击率高的视频,巧妙植入产品并不会引发观众的反感,但是却会形成强烈而深刻的印象
11	软文营销	软文营销顾名思义就是利用软文进行广告营销的一种模式,比起硬广更易于被人们接受,形成有效传播。原创性软文也是SEO最重要的抓取方式,是目前公认的最有力的营销模式之一
12	体验式微营销	互联网时代,更注重用户的体验度以及参与感,通过网络媒体,持续性的线上线下沟通模式会形成较好的营销效果,小米就是体验互动式营销的典范
13	O2O立体营销	O2O立体营销,是线上、线下全媒体深度整合营销,线上提升知名度,形成品牌价值推广以及铺设线上购买平台,线下进行体验,形成双向互动立体营销
14	自媒体营销	自媒体是近些年最火的网络营销模式,依托于团体或者个人的媒体IP号,针对自媒体主体的"铁粉"进行有效传播以及营销。承载平台包括微信公众号、微博、贴吧、个体新闻号等

四、网络营销的优势

网络营销讲求的是借助网络平台进行产品推广、销售的互动营销模式。相对于传统营销,网络营销具有图6-3所示的优势。

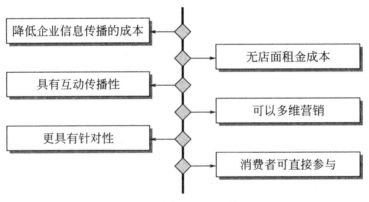

图6-3 网络营销的优势

图6-3所示说明:

(1)网络媒介具有传播范围广、速度快,无时间地域限制,无时间约束,多媒体传送,形象生动、双向交流、反馈迅速等特点,能有效降低企业营销信息传播的成本。

（2）实现产品直销功能，帮助企业减轻库存压力，降低运营成本。

（3）网络营销具有交互性和纵深性，不同于传统媒体的信息单向传播，而是互动传播。

（4）可将文字、图像和声音有机组合在一起，传递多感官的信息，让顾客如身临其境般感受商品或服务。

（5）通过提供免费服务，网站可以建立完整的用户数据库，包括用户的地域分布、年龄、性别、收入、职业、婚姻状况、爱好等，形成有针对性的推送以及营销。

（6）网络营销缩短了媒体投放以及产出的过程，消费者通过网络营销，可以直接参与市场活动，在网上实施购买行为。

第二节　房地产与网络营销

随着近年我国电子商务的迅猛发展，各行各业都不约而同地寻找新的出路以面对眼下的挑战和冲击。而以互联网作为信息传播媒介的网络营销，正在房地产界内掀起一场引领时代的变革。

一、房地产网络营销的必要性

由于人们阅读习惯的改变，以及购房群体的转移，房地产企业的营销推广也要随之改变。理由如下。

1. 购房人群向"80后""90后"转移

随着"80后""90后"逐渐成为市场主体，"80后""90后"成为新房主，而互联网是"80后""90后"购房者最易接触和接受的媒介。

2. 网络成为吸引客户的第一媒介

随着网络的普及，80%的客户是被网络信息吸引，进而实地考察的。而平面广告、宣传单对于客户的吸引力不到网络媒体的10%。

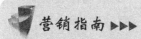

营销指南 ▶▶▶

如何通过网络向客户提供高质量的房产展示和深层次的用户体验，进而吸引客户现场到访，已成为房地产商的第一要务。

二、房地产网络营销的作用

与传统的营销方式相比,房地产企业利用互联网媒体广泛的传播能力,就能把自身的信息准确地传递给购房者,为销售业务带来了一个全新的发展空间。具体来说,房地产企业利用网络营销,具有图6-4所示的作用。

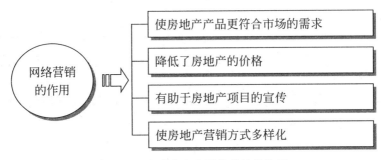

图6-4 房地产企业网络营销的作用

1. 使房地产产品更符合市场的需求

对房地产开发企业来说,房地产市场信息无疑是非常重要的资源,其中不仅包括未来市场的有效需求、购房者偏好的变化、目标购买人群的构成、竞争对手情况及竞争楼盘特征,甚至还包括流行的建筑设计风格、新兴建材的信息等。

(1)开发阶段。在房地产开发阶段,网络有助于开发商在调研过程中获取大量的市场需求信息,为市场细分及设计项目结构奠定坚实的基础,为房地产项目开发做出良好的导向,从而为市场提供更准确的产品。

(2)销售阶段。在房地产销售阶段,由于开发商与购房者可以通过网络进行快速、直接的沟通,开发商可以收集到购房者及潜在购房者对现有项目的反馈意见,实时掌握市场需求、消费者偏好以及对价格的承受能力等情况,从而能提高企业对市场的快速反应能力,提高决策的正确性和预见性,最终增强市场竞争力。

2. 降低了房地产的价格

网络有助于开发商在采购过程中降低造价,从而降低产品价格。

一方面,房地产企业可以利用网络获得建筑材料的价格信息,在对各种采购价格比较的基础上,择优采购。另一方面,还可以借助于网络实现行业联盟,形成采购的规模经济,达到降低采购价格的目的。

比如,自万科集团建立了"建材采购中心网络",万科各地产公司每年总计约10亿元的建材采购项目已经全部在该网络上招标采购。据该公司的研究报告指出,通过网上集体采购,最高可节省成本25%。

3. 有助于房地产项目的宣传

与传统媒体广告相比，网络宣传的优势很明显：网络广告实时成本低、传播范围广、针对性强、交互性强，有助于双向沟通。房地产企业在产品开发的前、中、后期有计划地制作和发布楼盘相关信息，可以使购房者随时了解楼盘的整体概况及基本框架，使购房者感受到开发商及产品的可靠性，从而获得购房者的信赖，增强购房者对该楼盘的购买信心，也可以为开发商赢得更多潜在客户。

4. 使房地产营销方式多样化

利用网络，房地产企业可以提供多种售房模式，如：网上订购、网上定制、网上拍卖、网上办理购房手续等，以方便客户。网上订购是由购房者先通过系统平台进行订购，经开发商确认拥有其所订购户位优先购买权的售房模式，已经被许多开发商推广。

三、房地产网络营销的优势

网络营销以其开放的中介市场、快捷的信息传播、自由的供求关系，为房地产企业和消费者节省了大量的交易成本和时间。具体来说，网络营销具有图6-5所示的优势。

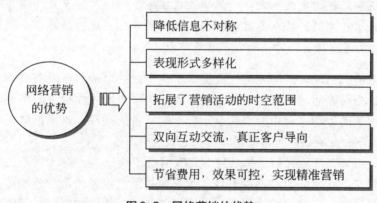

图6-5　网络营销的优势

1. 降低信息不对称

很多人一生中都只能拥有一套房产，因此购置房产对于很多普通家庭来说容不得马虎。对于普通消费者，住宅是一种复杂的商品，在购房前获取充分的相关信息，对于消费者来说至关重要。

通常消费者在做出购买决定之前，会综合考虑房产的价格、区位、楼层、朝向、公共配套设施、物业管理、按揭办理方式、产权证办理等问题。当这些曾经由经纪人和房地产企业垄断的信息都可以在互联网上得到解答时，会打消消费者的购买疑虑，为消费者提供更全面、更准确的选择机会，降低消费者与开发商之间的信息不对称。

2. 表现形式多样化

不仅如此，互联网作为一种新媒体，具有信息容量大、传播速度快、表现形式丰富等多项优势。现在的技术条件能够集多种媒体的功能于一身，购房者只需动动鼠标就能获得文字、图像、声音、视频等形式的信息，甚至利用计算机虚拟现实技术身临其境地感受房子的空间布局、室内设计、周围环境等。

相对于转瞬即逝的电视广告片段、只有声音的广播广告或小篇幅的报刊广告，房地产的网络营销可以真正做到多媒体、立体式的全景信息展示，能更加充分、生动形象地表现房地产的特质。

3. 拓展了营销活动的时空范围

房地产是不动产，具有地域的固定性，因此传统的房地产营销活动只能在当地开展，营销推广的效果受到交通位置的严重制约。

比如，在传统营销模式下，购房者为了选择一个合适的房产，从初次来访到最后签约，平均需要到售楼处现场看房3～5次，这将会耗费掉大量的时间和精力。而且随着经济的发展，人口的流动性也在逐步加强，如今目标消费者也不再局限于项目所在地区，特别是对于一些高档别墅或旅游度假类产品，其目标消费人群以外地购房者居多，时间的成本就更难以计算。

网络营销的出现，给房地产行业提供了一个新的可能，借助互联网发布、推广、预定、交易等活动，突破了时空的界限，让原本地区性极强的房地产营销活动脱离了地域的束缚，有机会引起全国各地购房者的关注，甚至能够拓展到全球范围，为地产企业赢得了更多的机会。

此外，当房地产项目的信息上传至互联网后，一个24小时不间断的营销系统就被构建起来。它能够随时迎接来自全国各地甚至全世界的消费者浏览，这极大地方便了平日里工作繁忙的消费者，他们可以选择方便的时间随时浏览房地产信息，而不受时间和路途的困扰，这是传统营销方式所无法比拟的优势。

4. 双向互动交流，真正客户导向

在传统的地产营销渠道中，企业无法直接了解购房者的需求，消费者也无法直接向企业表达自己的需求和建议，企业与消费者的沟通严重依赖市场调研的方式，这种间接沟通方式不仅成本较高而且还会导致信息的滞后和失真。网络媒体具有的信息双向交流互动的特性，具体如图6-6所示。

图6-6 网络媒体信息双向交流互动的特性

5. 节省费用，效果可控，实现精准营销

当今房地产市场竞争激烈，传统媒介渠道费用不断增长，已对企业构成一种负担，而传播效果却在日益下降。

网络营销活动前期所需要投入的成本和后期的日常维护费用较低，而且可以随时更新项目信息，与建设售楼部动辄上百万元的花费相比，属于低投入持续回报。网络广告专门主要发布在专业房地产网站上，提供给特定的人群，其广告的精准程度也远远高于传统媒体广告。现在大部分的网站是根据广告点击量付费，这也改变了传统媒体广告效果难以测量的弊端。网络广告的内容还可以随时更改，而且速度快、花费小，不会造成任何浪费。

相对于电视媒体的黄金时段或报纸的整版投放的费用高、内容更改成本高且周期长，网络广告的价格具有明显的优势。

四、房地产网络营销策略

在信息和传媒快速发展的今天，传统的营销模式已不能完全适应房地产营销策划和创新的市场变化以及消费者需求，网络营销已成为在传统营销模式上的一种必要的补充与发展。房地产企业应根据自身的特点，按图6-7所示的要求，制定相应的网络营销策略，以应对激烈的市场竞争。

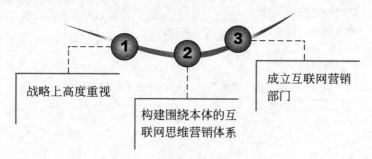

图6-7 房地产网络营销策略

1. 战略上高度重视

这个重视，并不是口头上的，也不是一蹴而就的，这个类似于公司的企业文化,也是一个标准,在保持传统中前进,由使用互联网以及针对互联网平台的应用为起始,在开发项目前期、招拍挂、项目规划、营销定位、开工建设、项目预热、蓄水、强销、持续销售、尾盘、交付等各个环节,用互联网的方式去换位思考和运营,循序渐进地提升地产企业的信息化、互联网化水准。在企业目标层面,应该提升互联网营销的必要性和强制性。

2. 构建围绕本体的互联网思维营销体系

以房地产为本体,在基于房产行业以及互联网行业链接的上下游渠道,进行深度挖掘,不仅仅以产品和营销为主。

比如,小米开始的口号就是"为发烧而生",通过互联网的方式,站在客户的角度,快速地推出了极致的手机产品的概念,并且付诸实施,形成口碑效应。

而每家开发公司的优势资源各不相同,乃至有更多的产业链,有的物业很强,有的建筑很强,互联网思维需要的是基于产品本质的极致的需求,哪怕是极其严苛的。但这一切要通过各类渠道让更多的人知晓和向往。

3. 成立互联网营销部门

除了战略和体系的建设,现有的营销体系,应该加入或者单独开辟针对互联网的营销公司,而不仅仅是把这些活交给代理公司,或者外包,只有企业自身才是最了解自己产品的,而互联网营销部门正是为互联网而生的。这个全新的部门,应该具有图6-8所示的特质。

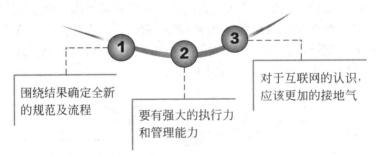

图6-8 互联网营销部门应具有的特质

第七章
房地产网站营销

企业自建网站的好处
网站建设的设计原则
网站应具备的功能模块
……

构建企业网站

与门户网站合作的必要性
门户网站可提供的服务
与门户网站合作营销策略
常见地产门户网站

与门户网站合作

信息时代,互联网给整个社会带来了深刻的影响,同时也改变着房地产行业传统的管理及运营模式。房地产企业可以通过建立自己的站点,或者与地区门户网站合作,来更好地宣传房地产,提供相应的房产服务。

第一节　构建企业网站

有实力的房地产公司一般都会创建自己的站点，直接服务本公司，集中介绍本公司的楼盘，介绍开发项目，提供各种有关房产的服务。

一、企业自建网站的好处

在互联网信息时代，房地产企业想方设法地在第三方平台去推广房源，如各大分类信息网站、房产网站上购买端口、发信息，花了不少的钱，结果又被别的房源挤下去了，效果甚微。那么，怎样才能在网上更好地展现自己的房源信息呢？实话说，房地产企业建立自己的网站才是王道，在自己的企业网站上可以大量宣传自己的房源，还能创造属于自己的品牌，增加品牌效应。

具体来说，房地产企业自建网站具有图7-1所示的好处。

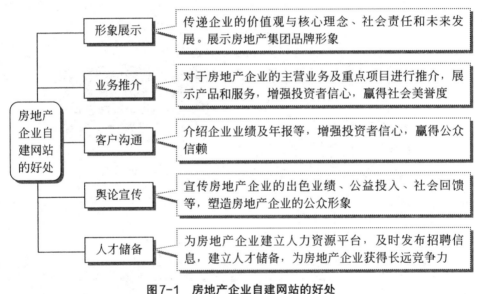

图7-1　房地产企业自建网站的好处

二、网站建设的设计原则

房地产企业网站建设的设计应遵循图7-2所示的原则。

1. 易用性

网站设计制作使用的技术不对浏览者使用的浏览器有特殊要求。方便各类操作人员，做到部分业务的完全或部分自动化处理。

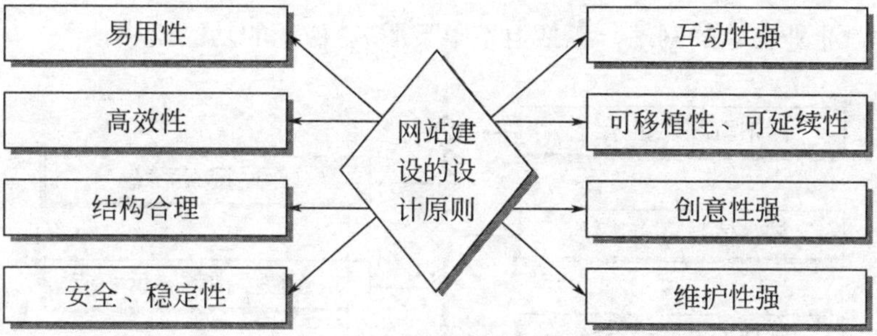

```
   易用性  ←→           ←→  互动性强
   高效性  ←→  网站建   ←→  可移植性、可延续性
 结构合理  ←→  设的设   ←→  创意性强
             计原则
安全、稳定性 ←→          ←→  维护性强
```

图7-2 网站建设的设计原则

2. 高效性

网站页面的设计大气、美观、简洁，能体现公司企业文化，尽可能地提高浏览速度，突出主要信息。导航系统层次清晰，方便浏览者对相关信息的访问。

3. 结构合理

栏目设置要合理，符合人们的浏览习惯。网站层次设计要合理，让浏览者可以通过尽可能少的点击次数即可找到需要的信息。

4. 安全、稳定性

在充分考虑到站点访问性能的同时，要格外重视站点的安全和稳定性问题，采用加密算法的使用、服务器在IDC环境的安全措施等。

5. 互动性强

访问者在浏览过程中对项目有疑问时可以即时在线咨询，销售人员及时解决访客提出的问题并定期回访，增加销售成功的概率。

6. 可移植性、可延续性

采用的开发技术不仅满足现在的应用需求，而且要适应未来的发展趋势，为以后的升级、移植工作方便。降低用户的二次开发成本，保证用户的投资利益。

7. 创意性强

结合行业现状与行业特点，设计风格符合企业现有的CI/VI设计，特色鲜明，独具风格，充分体现公司企业文化。

8. 维护性强

网站系统提供后台维护程序界面，企业自己的管理人员可以自行维护网站的栏目内容。

三、网站应具备的功能模块

房地产企业自建的网站,包括但不限于图7-3所示的功能模块。

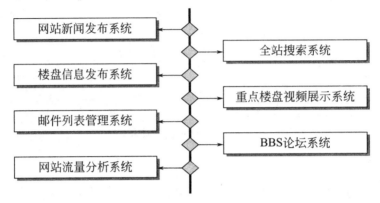

图7-3 网站应具备的功能模块

1. 网站新闻发布系统

新闻发布系统是指将网页上的某些需要经常变动的信息,类似新闻、新产品发布和行业动态等更新信息集中管理,并通过信息的某些共性进行分类,最后系统化、标准化发布到网站上的一种网站应用程序。网站信息通过一个操作简单的界面进入数据库,然后通过已有的网页模板格式与审核流程发布到网站上。

它的出现大大减轻了网站更新维护的工作量,通过网络数据库的引用,将网站的更新维护工作简化到只需录入文字和上传图片,从而使网站的更新速度大大缩短。

比如,新浪的新闻中心,新闻的更新速度已经缩短到五分钟一更新,从而大大加快了信息的传播速度,也吸引了更多的长期用户群,时时保持网站的活动力和影响力。

2. 全站搜索系统

全站搜索系统提供对全站的信息进行搜索的功能。站内搜索系统提供了对信息进行多种类型检索的支持,对网站主要信息提供了搜索功能。由于系统信息的储存方式有两种,文件系统的静态html和装入数据库的信息,因此系统采用两种搜索引擎,一种是针对文件系统的全文检索功能,一种是针对数据库系统的全文检索功能。

3. 楼盘信息发布系统

楼盘信息发布系统应具有以下几个功能。

(1)产品展示。能够在网上提供在线产品目录,展示所有产品。如果定期更新,客户即可获得最新目录。

(2)更新和添加新产品信息。可以全面控制站点,并随时进行更改或补充,而不必再依赖网页制作公司或编程人员。

（3）详细的产品介绍。提供全面的产品描述，客户可以充分了解所有产品，并灵活地从您的产品线中进行选择，并可在反馈表或网上调查表中提出对产品的看法。

（4）搜索引擎能力。客户可以对产品进行搜索，以快速准确地找到他们所需要的产品。这避免了客户无谓地浏览诸多页面来寻找合适的产品。

4. 重点楼盘视频展示系统

使用视频技术，针对单个重点楼盘进行网上视频展示，实现网上看房如同亲临现场。

5. 邮件列表管理系统

实现增加、更改会员资料，接受会员申请、登录等，授予会员IP管理地址，定期向相关会员发送商业信息，发掘潜在客户。根据客户的特点分析客户对不同产品兴趣的相关性，通过对客户群的细分，分析客户购买行为，为客户提供对应的服务。有效地进行客户投诉管理、客户服务管理。

6. BBS论坛系统

论坛系统服务已经是互联网站一种极为常见的互动交流服务。论坛可以向网友提供开放性的分类专题讨论区服务，网友们可以在此发表自己的某些观感、交流，某些技术、经验乃至人生的感悟与忧欢，亦可以作为用户与商家交流的渠道，商家亦可在此回答用户提出的问题或发布某些消息。

7. 网站流量分析系统

网站流量分析系统可以向商业网站提供页面访问计数、排行和访问分析服务，网站流量分析系统可以分析网站流量，对整个站点乃至任意页面的访问流量进行数据分析，并对网站分析给出完整的统计报告，随时可以了解网站乃至任意页面的流量动向和受欢迎程度，并以此做出相关调整策略。

下面提供一份××房地产企业网站建设运营方案的范本，仅供参考。

 范本：××房地产企业网站建设运营方案 ▶▶▶ --------------------

一、网站建设方案

1. 市场分析

略。

2. 网站定位

（1）网站定位。以商业地产垂直搜索，房地产资讯及资源提供为主的一个商业门户网站。

（2）主要客户群体。关注房地产信息的访客和专业地产从业人员，对商业地产有需求的个人、店铺、企业、业主、开发商等。

（3）制作目标

① 网站易用：前台，让网站符合各类屏幕分辨率和浏览器，网站对访客无过高要求。

② 设计高效合理：网站设计风格大气美观，符合大型门户网站设计标准，色彩利于访客长时间浏览，导航清晰明了容易查找，网页结构合理，让内容主次分明，符合浏览者上网习惯，让访客直接找到想要的内容。

③ 可扩展性：能在原有的程序基础上进行功能扩展，譬如增加某个功能或者整合某套新程序，以利于网站多元化发展。

④ 易操作性：让前台访客易操作，控制面板结构清晰明了，操作简单，后台编辑人员更新简单直接（必要时需要进行简单培训）。

⑤ 网站安全性：维护人员需要对网站进行压力测试评估，数据库安全备份，服务器稳定，以保障网站正常运行。

⑥ 创意性和互动性：在网站设计和功能方面有一些个性化，网站会员互动性强，可以进行娱乐和商务。

3. 程序解决方案

略。

4. 栏目内容结构

网站栏目内容结构如下图所示。

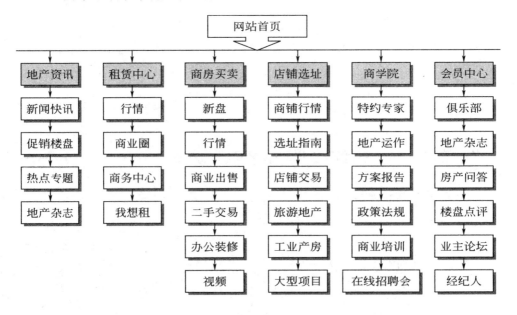

5. 网站后台流程和功能策划

根据前台栏目得到网站所需功能如下表所示，其他功能需要共同探讨和逐步发展进一步细化。

自带功能	二次开发功能	整合功能
1. 房产新闻发布系统	1. 楼盘信息发布系统	1. 俱乐部，整合（UCH）
2. 办公室装修图片发布系统	2. 卖场信息发布系统	2. 地产杂志flash版（自制）
3. 分类信息发布系统	3. 楼盘视频发布系统	3. 业主点评，整合（modoer）
4. 活动专题发布系统	4. 培训课程在线发布系统	4. 业主论坛，整合（DZ）
5. 地产杂志	5. 培训机构信息发布系统	5. 楼盘地图点击，整合（gg）
6. 房产问答	6. 招聘信息发布系统	
7. 全站关键字模糊搜索系统	7. 经纪人	

二、网站运营方案

略。

四、网站建设要点

1. 网站的定位、规划与建设

思路决定出路，策略的高度决定态度。图7-4所示的事项必须在建设网站前充分考虑及得到相对确定。

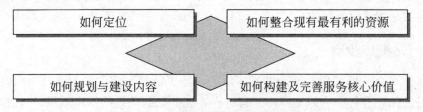

图7-4　网站建设前需考虑的事项

图7-4中的这些事项都将影响网站运营整个过程，直接决定着项目最终的收益。无论怎样的初衷，都必须要考虑可行性后，对所要准备构建的网站平台做出较为合理的定位、规划，而进行有步骤的建设。具体内容如图7-5所示。

图7-5 网站定位建设的步骤

上述都足以对推广工作的方向性选择带来极大的影响。

比如，××房地产门户网站一直是以房地产行业媒体服务运营商定位，因此，网站的运营建设都是面向房地产行业，成为重要的媒体传播资源。

2．网站建设的侧重点

房地产企业网站建设在企业不同发展阶段也应该有不同的侧重点。

（1）中小型房地产企业。对于中小型房地产企业来说，为了促进房地产产品的销售，他们的重点应该是展示企业的房地产产品，在网站推广方面下工夫，同时网站的建设又应要求低廉的建设成本。

（2）有竞争力的企业。对于有竞争力的企业来说，他们的发展壮大必须依靠品牌创新和规模的扩大，其中尤为重要的是树立企业形象，向大众展示自己企业文化、经营理念等，丰富服务内容，提升网站功能，将企业的综合实力显示出来，以此达到品牌营销的目的。

五、网站推广步骤

房地产企业要想成功把网站推广出去，除了需要一定的资金支持，同时还要有很好的创意进行整合式推广，只有这样才能够做到高效的推广效果。一般来说，网站推广可按图7-6所示的步骤进行。

1．选择网站关键词

关键词是网站发展的方向，也就是中心，如果中心选择恰当，网站成活并且茁壮成长的机会就会大很多。

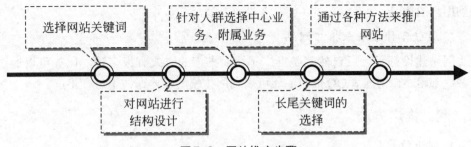

图7-6 网站推广步骤

（1）网站选择的关键词要适合自己的发展，如果网站选择的业务是全国性的，那么就不需要在关键词的前面再加上地域名字了。

（2）关键词要简明扼要，并以此作为品牌来进行推广，相应的效果才会更好。

2. 对网站进行结构设计

在确定了网站的关键词后，就要根据关键词进行分类了，对结构进行设计。

比如，如果网站的内容想要做全国性的，那么对于技术的要求就会更加的严格了，同样也会变得更加的重要。对于各省区就可以采用二级域名来进行划分，将各地市的关键词提高到很高的流量，这样获取流量的数量也是很惊人的。各地市的关键词可贴合网站主关键词选择，这些大的分类可以通过目录调用的形式来实现，代码的优化同样按照百度爬行的方式来实现。

对于网站的美工要求也是需要吸引人的，网站内容的丰富性要贴合实际现实，对于新闻也需要编辑者负责编写，编写的内容要根据关键词来进行优化，标题的选择也要非常的吸引人，内容要有可读性，要想办法把用户留住。

3. 针对人群选择中心业务、附属业务

当我们确定了关键词后，往往网站的中心业务也就已经确认了，此时就要找到相关的人群来进行推广。为了丰富网站，能够适合不同人群的口味，可以选择一些附属的业务，这些附属业务要围绕中心业务来做，这样就能够吸引更多的人来访问企业的网站，而且还会有不同的栏目吸引他们的眼球，于是就能够让他们留在企业的网站，这也是从另外一面推销企业的中心业务。

4. 长尾关键词的选择

长尾关键词带来的流量是惊人的，因为人们只要搜索长尾关键词，那么这个人就很容易来到你的网站，而且现在很多人都喜欢用长尾关键词来搜索，所以如果能够把这些长尾关键词的排名做到前面，那么就能够吸引到更多的人了，而且长尾关键词还能够在内页的任何地方，所以插入的时候也会非常的自然，不会影响到用户的体验。

5. 通过各种方法来推广网站

网站建设好了之后自然就是推广了，而推广的方式有很多种，比如可以通过博客、邮箱、微博或者QQ推广；还可以利用传统的媒体在线下进行推广。

六、网站推广方法

1. 线上推广

对于网络线上推广方法有很多种，在这里主要介绍图7-7所示的几种主要方法。

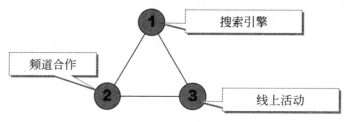

图7-7 线上推广的方法

（1）搜索引擎。现在，面对互联网海量的信息，用户需要较准确找到所需要的信息资源，相信目前搜索引擎是最佳的选择。搜索引擎营销目前主要方式可分为图7-8所示的两种。

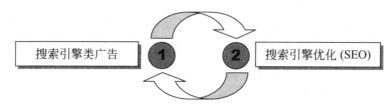

图7-8 搜索引擎营销的方式

无论用哪种方式，内容展现方式都必须要满足用户对信息的有效需求。毕竟，现在搜索引擎所检索到的信息还远不能够满足人们的真正检索意愿。

目前SEO是房地产网站在搜索引擎营销当中主要的选择，大量的长尾关键词能给网站带来十分可观的流量。

> **小案例**
>
> 2006年4月SOHO中国建立网络营销中心，开始尝试通过搜索引擎进行网络营销。潘石屹把SOHO尚都销售、建外SOHO出租、博鳌蓝色海岸酒店度假

三个类别共50多个房地产产品,悉数加入百度营销推广名单。百度也为其精心选择了620个关键词进行推广。

上线当天,百度就为"SOHO中国"带来了许多有效咨询电话。

潘石屹在这个月里还停止平面媒体等的广告投入,以便更准确地测试百度营销的效果。

截至2006年6月底,百度为SOHO中国带来的访问量达到30余万次。经SOHO中国严格的效果评估,百度搜索营销的推广费用,同比仅为其他形式的推广费用的八分之一。而一个半月间,通过百度获得的销售收入达到5000万元,同时,还带来众多房屋租赁客户,以及大量的旅游度假、会议、活动订单,其所有推广费用仅不到30万元。

(2)频道合作。由于资源有限,业务范围内的重点有所倚重,不可能所有的资源均等投放,这就造成了发展不对称。所以,强强联合、释放权限、集中资源将会是业务快速发展的重要步骤。

比如,房地产门户将家居频道"腾空"出来,与其他家居类公司网站合作,形成资源互补,并构建强有力的竞争优势。

(3)线上活动。根据用户群特点或行业特性热点,不定期开展线上活动,如常规活动、节日活动、专题活动等,以达到扩大宣传、凝聚用户、加深影响等,促进网站与用户之间的良性发展。

比如,××房产网推出在房博会期间通过网购卡注册享受折扣优惠。

2. 线下推广

线下推广方式主要在预定的场合及时间,针对特定的人群以合适或是较为特别的方式展示产品或服务,最终扩大影响力及传播力度,以吸引用户群使用该产品或服务的目的。

比如,××房产网面向有购房愿望的人群,举办一些传播房产信息数据的活动,以帮助购房者横向或纵深了解更多房源信息,从而达到宣传网站的目标。这一关键点必须是所提供的内容具有服务人群所关心的核心内容价值。

3. 无形整合推广

除了有计划的整合推广外,如何才能做到资源的综合利用,甚至整合利用,这需要运营者对网站业务有足够的认识及价值取向。

比如，××房产网平时调动销售员在客户当中宣传，形成一定的口碑传播，积累人脉资源。所有的这些积累，将会慢慢成为网站运营的无形资产。

总之，要想成功推广你的网站，首先需要透彻理解平台的业务，找出运营平台中业务纽带各个角色及利益关系，再去创造有用户价值的服务，以满足不同程度的需要，从运作过程中找出它们千丝万缕的关系，以合适的方式展现你的产品及服务。

相关链接

网站推广的常见方法

互联网中的网站众多，怎么样才能增加自己网站的流量，让更多的人知道自己的网站，让更多的潜在客户找到自己的网站，成为众多网站建设者关注的要点。下面介绍几种常见的网站推广方法。

1. 利用搜索引擎进行推广

搜索引擎是互联网的一大奇迹，它使浏览者可以方便地在互联网这个信息大海洋中找到自己所需的信息，也给信息提供者提供了一种受众广、针对性强且效率高的发布途径，越来越多的企业和个人都通过搜索引擎来发现新客户，利用搜索引擎广告或者通过搜索引擎优化（Search Engine Optimization，简称SEO），使自己网站在搜索引擎中的排名靠前，以增加客户发现并访问网站的可能性。搜索引擎广告是需要向搜索引擎支付广告费的，一般有固定付费和竞价排名两种。固定付费是按年或月为单位，对固定的广告位或固定移动范围的广告位支付费用；竞价排名则是根据对所选关键词出价的高低，对其网站进行排名，出价越高排名越靠前，并按点击次数收费。面对激烈的市场竞争，对现有网站进行SEO，是非常有必要的。

2. 利用博客进行推广

博客，其实就是网络日志，但博客早已经超越了简单的日志的内涵了，越来越多的博主通过写博客来实现销售产品的功能。博主通过发表各种形式的博文（可以是纯文字、视频、语音或是这三种相结合）与浏览者沟通，浏览者也可以跟帖发表自己的意见，所以互动是博客的核心，而且博客有很强的身份识别性，不同的博客针对不同的目标群体，针对性强，便于实现精准营销。

3. 利用论坛进行手工推广

网络的普及推动了论坛的迅猛发展，几乎每个门户网站都设有论坛，中国互联网论坛的总数超过130万个,位居全球第一。论坛强调的是互动,有共同爱好、共同需求的网友们可以在各类不同的论坛里就自己感兴趣的主题进行交流,坦诚相见、互通有无,相对于商业媒体而言,论坛可以说是网民心中的一处"净土"。

利用论坛推广时,首先要根据自己产品的特点,选择合适的、人气比较旺的、且与自己产品主题相符的论坛;其次,能否成功地传达自己想要传达的信息,关键在于论坛帖子的设计,可以利用头像和签名档适当进行宣传,也可以把博客中的文章转载到论坛里发布,并插入自己网站的超链接;第三,帖子发出后,如果不及时地跟踪维护的话,可能很快就沉下去了,尤其是人气很旺的论坛,因此,要及时地顶帖,使帖子始终处于论坛的首页,让更多的人能看到这些信息。维护帖子时,适当地从反面的角度去回复,最好能引起争论,吸引更多的人加入争论的队伍,这样有助于把帖子炒热。

4. 利用"病毒"进行自动推广

这里的"病毒"不是指传播恶意的病毒,而是指发布有用、新奇、有趣、好玩且与产品相关的信息,使目标客户主动进行传播,借助口碑的力量,通过人际网络,让信息像病毒那样扩散,从而实现产品信息快速传播的目的。

首先,要创建有吸引力、易于传播,且能与产品有效地结合起来的"病毒";其次,得找到易感染的目标人群,找到传播"病毒"的高效媒体(如大的社区、论坛、视频网站等),通过他们把"病毒"传递给更多的人。这种推广方法实施难度大,但若能成功,效果绝对是最佳的。

5. 利用网络广告进行推广

网络广告是指在互联网上发布的所有以广告宣传为目的的信息,如图像式网络广告、网络联盟广告、关键词广告、邮件广告等,随着互联网的迅猛发展,网络广告已经成为网络推广的一种主要形式。与传统广告相比,网络广告有很大的优势,如传播范围广、不受时空限制、交互性强、效果可量化、能有效监控、投放灵活有针对性、有文字语音视频等多种载体、费用相对比较低等。在选择网络广告时,应根据自己的产品情况、经济能力选择合适的网站、合适的广告位和时段进行投放。

6. 利用网络新闻和网络事件进行推广

网络新闻已成为越来越多网民获取新闻的一种重要形式。网络新闻,就是基于互联网,以互联网为传播介质的新闻。如果能很好地利用网络新闻,不但能使品牌的美誉度大大提升,还能有力地促进市场销售。

7. 利用软件进行推广

常见的推广软件有邮件群发软件、QQ群发软件、论坛群发软件、搜索引擎登录软件等，通过大量发帖，让更多的浏览者知道自己网站或产品的相关信息，但注意不要滥发未经许可的垃圾邮件，一定要提供给接收人有用的信息。

网络推广的方法很多，不同的方法各有自己的优缺点，经常需要多种方法综合去用，不能单纯地只用一种方法，而网络是个虚拟的世界，到底哪些方法的组合最适合自己、最有效需要进行长期的测试，找到以后再加大这个组合的投资，把效果放大，这样才能达到事半功倍的效果。

第二节　与门户网站合作

地区门户网站相当于城市的网上集市，只要与本地区相关的信息，在这类网站上都能找到，巨大的信息内容吸引着大量的地区访问者。一些访问者也会义务维护这些站点，经常发布相关信息，因此这些站点的信息更新速度快、内容全。

一、与门户网站合作的必要性

一般而言，房地产的销售是有区域性的，除特大城市外，一般城市的房产楼盘绝大多数是销售给本地区居民的。在这种情况下，区域性的宣传就显得十分重要。

同时，现在绝大多数城市都有自己的地区门户站点，以介绍地区风土人情、衣食住行等相关信息，这些站点为吸引人气，都会宣传本地的房地产情况，而且这些站点是面向某个具体的地区的，所以房地产楼盘信息会非常广，与房地产公司自己的网站相比，此类地区门户站点的人气非常旺盛，每天浏览信息的人非常多，其宣传效果十分明显。

另外，因为这类站点都具有互动留言评价功能，每天都会有网民在上面反馈信息，使得这类站点的网民参与程度相当高。

所以，这类地区门户网站有其自身的优势，对房地产企业的影响最大，效果最明显。

二、门户网站可提供的服务

就房地产板块而言，地区门户站点提供的服务主要有图7-9所示的五个方面。

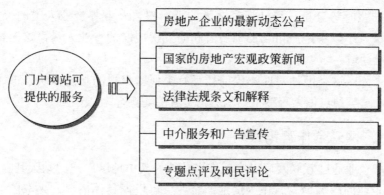

图7-9 门户网站可提供的服务

1. 房地产企业的最新动态公告

房地产楼盘的开发是一个周期性的产品销售过程,每过一段时间就会有一个新楼盘出现。一个楼盘的立项、征地、施工、竣工、销售信息关系到购房者的购买决策,所以地区门户网站为了吸引人气,都会提供本市所有楼盘的相关动态信息,供本市居民作购买房产决策时参考。

2. 国家的房地产宏观政策新闻

当前,中国的房地产市场正处于发展的关键时期,国家随时会有新的政策、办法出台,每一点变动都可能影响到消费者的切身利益。所以,及时掌握最新的房地产信息对消费者来说是非常重要。因此,几乎所有的地区门户网站都会及时在网站上提供最新的房地产行业动态、国家法规调整、住房贷款利率、土地政策等信息。

3. 法律法规条文和解释

消费者了解有关房地产法律法规的需求十分强烈。由于普通消费者很难了解这些专业性很强的法律条款,所以迫切需要有解释相关法律法规条文的站点。地区门户网站为了吸引人气,一般会在网站上提供此类信息,消费者可根据自己的需要查询阅读。

4. 中介服务和广告宣传

地区门户网站作为一个经济实体,为了生存它必须通过各种途径获取利润。凭借其在房产板块上的信息量和人气,地区门户网站一般会从事一些房地产中介服务,向消费者提供出租、出售房源信息,同时也会做一些楼盘的广告宣传工作,介绍楼盘的位置、户型、楼层、小区环境等内容。

5. 专题点评及网民评论

地区门户网站一般都是开放的网络站点,会提供一些专题点评,定期或不定期地公布一些时势分析、统计调查之类的调研报告及业界专业人士的分析评论。对于想要深入了解房地产市场的消费者和研究房地产的专业人员,这无疑是一个很好的信息通道。

除此之外,这类网站对应不同的楼盘有类似留言板的功能模块,供网民发布评论信息。这类站点很大程度上影响着消费者的购买行为。

三、与门户网站合作营销策略

房地产企业通过互联网可以实现许多功能,其中地区门户网站因其身的优势,对房地产企业的影响最大。作为房地产企业,可根据具体情况,采取图7-10所示的措施,进一步提高自身的网络营销的效果。

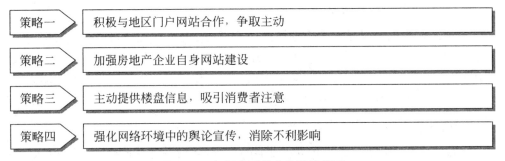

图7-10 与门户网站合作营销策略

1. 积极与地区门户网站合作,争取主动

在互联网日益发达的今天,地区门户网站如同一个城市的网上电视台或网上报纸,其地位是很难撼动的,而且现在越来越多的人习惯上网了解房地产信息,在这种情况下,房地产企业应转变观念,积极与地区门户网站进行合作,争取主动。

相对于其他宣传媒体,地区门户网站的合作成本是最低的,利用较少的成本获得最大的收益,这对房地产企业来说十分有利。房地产企业可以积极与当地门户网站合作,在这些网站的首页或房地产板块的首页投放网络广告,吸引当地网民访问,从而提高房地产企业的知名度,增加楼盘销售业绩。

2. 加强房地产企业自身网站建设

除了与地区门户网站合作,房地产企业还应加强自身网站建设。虽然通过地区门户网站可以很好地宣传某个楼盘信息,但在互联网高度发达的今天,潜在的消费者除了在门户网站上获取信息外,还会通过一些搜索引擎查找该楼盘的其他信息,因此,房地产企业自身网站的建设就显得非常重要。

如果把地区门户网站比作信息桥梁的话,那么房地产企业自身的网站就是一个目的地，如果这个目的地没有建设或者建得不好，会直接影响消费者的购前行为。因此，房地产企业既要重视地区门户网站的信息桥梁作用，也要加强自身网站的建设。

3. 主动提供楼盘信息，吸引消费者注意

在地区门户网站上，广告合作固然重要，但主动提供的详细的楼盘信息也必不可少。地区门户网站的频道信息非常多，光在房地产板块中就要收集全市所有楼盘信息，工作量非常大，很多时候某个楼盘只会收集一两条介绍信息。因此，房地产企业应主动在当地门户网站上发布自己楼盘的详细信息，通过长篇幅、深层次的文字图片介绍，提高消费者浏览的兴趣，从而提高该楼盘在消费者心目中的形象，促使潜在的消费者将这些楼盘列入选购计划，从而增加房地产楼盘的销售量。

4. 强化网络环境中的舆论宣传，消除不利影响

要强化网络环境中的舆论宣传，提高社会公众对企业自身的认识，消除陌生感，增强信任感。在互联网上，特别是地区门户网站上，应安排专人定期检查网民对本企业的评论信息，发现恶意攻击的评论，应及时联系网站予以消除。发现消费者因不满发布的牢骚信息，应主动联系此类消费者，找到问题所在，责成本企业相关部门予以解决，消除消费者的不满情绪。此外，房地产企业还应该主动安排相关人员定期发布信息，引导网络舆论向有利于自己的方面发展，从而在网络环境中树立良好的公司形象，提高顾客美誉度。

营销指南 ▶▶▶

地区门户网站作为一种新兴的信息媒体，因其拥有互联网背景，具有其他媒体不具备的优势，对房地产企业的影响非常大。房地产企业应顺应这一发展趋势，主动采取相关措施，使这一新兴媒体为自己服务，从而提高公司的经营业绩。

相关链接

如何与小型网站合作

在任何一个整合网络营销策略中都不会缺少广告策略，那么在确立这个广告策略的时候，我们应该如何来选择广告的模式呢？如果是为了口碑，选择地方型或大型的门户站比较合适。但并不是所有的企业都能够支付得起新浪、网

易等门户站的广告费，所以还得在营销策略中规划如何来选择与小型网站的合作模式。与小网站合作需要注意哪些地方呢？

不是任何小网站都是企业的合作对象。在渠道合作上，尽管采用流量合作的方式，可以让企业的风险处于最低，但如果不加选择的跟任何小网站都来一番合作，不仅浪费公司资源，也会在小网站经营者之间形成不好的口碑，显然，企业并不能给任何类型的小网站带来收益。

1. 与小网站合作，也要本着内容为王的原则

那些原创内容多的网站，应该是企业首选的合作网站。这样的网站，因为内容具有权威性，更新快，容易被搜索引擎收录，网站流量必然会随着时间的推移而逐渐增大。对企业来说，这样的小网站也最具备合作潜力。相反的，那些靠推广带流量的小站，或许一开始流量还不错，但因为内容不能及时更新，在推广结束之后，流量就会呈现下滑的趋势。有这样一些小网站，他们为了达到与企业合作的目的，在初期不断花钱来做推广，确实带来了一定的流量。不过，因为没投入精力去做内容，长期来看，流量会越来越少，最终会淡出搜索引擎的排行榜。所以，跟这类的小站合作，企业要谨慎对待。

2. 在跟小网站合作的时候，企业尽量选择那些与产品相关的网站，一定要避免随意性

比如，在一个内容为教站长如何去赚钱的页面，加入学车的cps链接，那么这样的链接，多半不会有人点击，效果当然好不起来。原因在于，网页的内容是定位在站长上面，而cps链接却是学车者，只要想想，访问这个页面的站长当中，许多站长已经有了车了，当然就不需要去学开车了。但如果在这个页面上，放上一个"如何帮助站长赚钱"的cps链接，比如说，某个联盟收入比较高，那么，几乎可以肯定，每个浏览这个页面的站长，都会点击这个链接，相对放上"开车的链接"来说，流量的转化率就会很多。

看来，即使跟小网站合作，企业也要精挑细选，剔出那些资质不佳、条件不符的，挑选那些目标人群高度重合的网站。

四、常见地产门户网站

国内常见的地产门户网站主要有网易地产、新浪地产、搜狐地产、腾讯地产等。

1. 网易房产（图7-11）

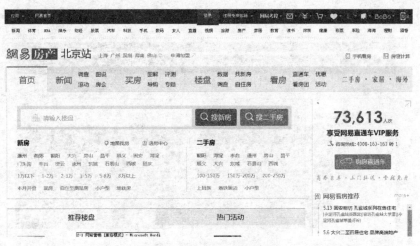

图 7-11　网易房产网页

网易房产是房地产权威门户，每天发布房地产行业新闻、房价走势、专题报道，提供新房、二手房、新盘评测、楼盘搜索、成交数据分析、业主论坛，是广大买房者贴心的置业管家。

2. 新浪地产（图 7-12）

图 7-12　新浪地产网页

新浪地产，中国房产信息集团新浪乐居旗下网站，于 2009 年 10 月 9 日正式上线，是目前中国领先的面向房地产产业链的专业互联网媒体。

3. 搜狐地产（图 7-13）

图 7-13　搜狐地产网页

搜狐焦点网是房地产家居网站，为购房者提供房产信息、家居装修资讯、房产楼盘详情、买房流程、业主论坛、家居装修等全面内容信息。

4. 腾讯房产（图 7-14）

图 7-14　腾讯房产网页

腾讯房产网，是中国主要房地产门户网站，第一时间提供楼市快讯，掌握房地产动向；纵览最新楼盘，足不出户查看最新楼盘资料；依托QQ购房群亿万用户，尽享安家置业无限优惠，打造房产资讯第一平台。

第八章
房地产微博营销

获得粉丝
在微博中植入广告
微博内容规划
微博营销活动策划

微博营销策略

微博营销的概念
微博营销的特点
微博营销的价值
……

微博营销认知

信息的高速发展造就了互联网时代,在诸如报刊、广播、电视等传统媒介以外,很多房地产开发商已经开始将企业宣传与产品营销的触角向新媒体领域延伸,而微博营销就是房地产企业寻求新营销策略方式的一个突破口。

第一节　微博营销认知

一、微博营销的概念

微博营销是以微博作为营销平台，每一个听众（粉丝）都是潜在的营销对象，企业利用更新自己的微型博客向网友传播企业信息、产品信息，树立良好的企业形象和产品形象。每天更新内容就可以跟大家交流互动，或者发布大家感兴趣的话题，这样来达到营销的目的，这样的方式就是新兴推出的微博营销。

二、微博营销的特点

随着微博的兴起，越来越多的房产资讯在微博中传播并发散着影响。在微博搜索栏处，输入"房地产""二手房"等关键词进行搜索，就有百条微博资讯弹出，囊括了万科、远洋、乐居等众多品牌，房企"微博"营销悄然兴起。微博营销具有图8-1所示的特点。

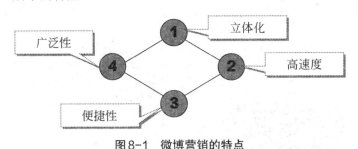

图8-1　微博营销的特点

1. 立体化

微博营销可以借助多媒体先进的技术手段，从文字、图片、视频等展现形式对产品进行描述，从而使潜在消费者更形象直接地接受信息。

2. 高速度

一条关注度较高的微博在互联网及与之关联的手机WAP平台上发出后，短时间内互动性转发就可以抵达微博世界的每一个角落，达到短时间内最多的目击人数。

3. 便捷性

微博营销优于传统的广告行业，发布信息的主体无须经过繁复的行政审批，从而节约了大量的时间和成本。

4. 广泛性

通过听众关注的形式进行病毒式的传播，影响面非常广泛。同时，名人效应能够使事件的传播量呈几何级放大。

三、微博营销的价值

建立一个微博平台上的事件营销环境,能够快速吸引关注。这对于企业的公共关系维护、话题营销开展,能起到如虎添翼的作用。具体来说,微博营销具有图8-2所示的价值。

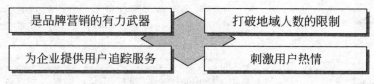

图8-2 微博营销的价值

图8-2所示说明:

(1)每一个微博后面,都是一个消费者,一个用户。越是只言片语,越是最真实的用户体验。

(2)在追踪模式中,可以利用"品牌频道"开展对产品、品牌的信息传播,并与顾客进行对话,缩短了企业对客户需求的响应时间。

(3)全国甚至全球的受众都可能成为互动营销的参与者。更重要的是来自不同地区的志趣相投者实时沟通,更加深度的交流。品牌的烙印会在体验与关系互动中更加深刻。

(4)微博可以刺激用户热情,以许可式、自主式进行广告,根据兴趣爱好人群,定位精确,营销效果更好。

四、微博营销的模式

微博是一个基于用户关系的信息分享、传播以及获取的平台,允许用户通过Web、WAP、Mail、APP、IM、SMS以及各种客户端,以简短的文本进行更新和发布消息。微博的营销模式主要如图8-3所示。

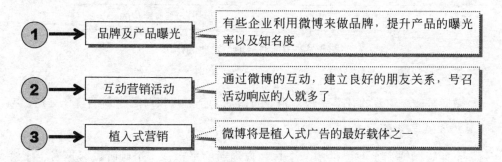

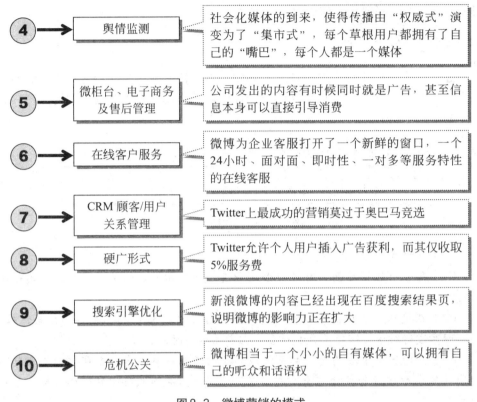

图 8-3 微博营销的模式

五、微博与房地产

微博为房地产营销提供新的渠道。微博用户平均年龄在 28 岁，与现在的平均购房年龄非常接近。据统计，微博上总计超过 1000 万条有关房地产的信息。对房地产企业来说，微博具有图 8-4 所示的作用。

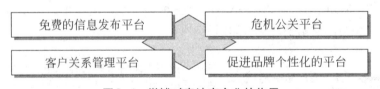

图 8-4 微博对房地产企业的作用

1. 免费的信息发布平台

微博是一个免费的社交平台，企业版微博为企业提供了一个新的宣传渠道。

2. 客户关系管理平台

企业版微博为企业提供了一个与客户沟通的平台，一个倾听顾客声音、了解顾客需求的平台。在这个平台上，企业可以进行客户关系管理和沟通，从而调整企业的发展战略。

3. 危机公关平台

与其他输出渠道不同的是微博提供了一个互动的公关平台，信息透明之后，与公众互动之后，信息就会达到对称，从而公众觉得受到尊重，有公平感，不再是单方面的信息灌输。

4. 促进品牌个性化的平台

与其他信息输出渠道相比较，微博互动式的宣传方式更加人性化，也更加个性化。

第二节　微博营销策略

一、获得粉丝

衡量微博营销是否成功很重要的一个指标是粉丝数。有效的微博营销需要付出多方面的努力，每个环节的失败都会给微博营销带来负面影响，而粉丝数是一个综合指标，粉丝数越多意味着微博营销总体上做得不错。

1. 微博账号的功能定位

房地产企业可以注册多个微博账号，每个账号各司其职。一个微博账号可能承担相对单一的功能，也可以承担多个功能。如果企业比较大，那么在一个专门的公共关系微博账号外，建立多个部门微博账号是可取的。如果企业的产品比较单一，那么整个企业建一个微博账号就可以了。一般来说，一个微博账号可以承担图8-5所示的多项功能角色。

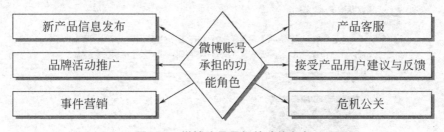

图8-5　微博账号承担的功能角色

2. 普通用户参与微博的理由

如果企业的产品本身已经有了大量的用户群，那么在微博上获取其关注是相对容易的。如果企业并不具有像戴尔、惠普那样的品牌影响力，那么在微博上获得"陌生人"的关注就需要付出更大的努力。因此要理解微博用户的社会心理需求。虽然没有具体的数据统计，但是可以从新浪"微博广场"的热门话题了解到大部分普通微博用户（非微博营销用户）参与微博的六大理由，具体如图8-6所示。

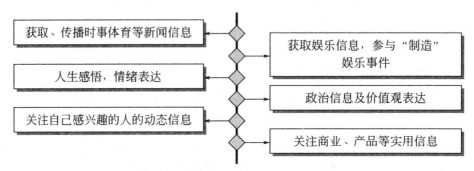

图8-6　普通微博用户（非微博营销用户）参与微博理由

图8-6六大理由的排序大致是普通微博用户参与微博的"动机强度"排序。深入地了解这些心理是创造普通用户"喜闻乐见"的微博内容的前提。

3. 创造有价值的内容

有价值的内容就是对微博用户"有用"的内容，能够激发微博用户的阅读、参与互动交流的热情。房地产企业需要平衡产品推广信息与有趣性的"娱乐信息"的比例（"娱乐信息"必须与本行业相关），可以从以下三个方面调整。

（1）发布本行业有趣的新闻、轶事，如图8-7所示。可以客观性地叙述一些行业公开的发展报道、统计报表甚至"内幕"，可以有选择性地提供一些有关公司的独家新闻——真正关注你的产品的微博用户会对这些独家新闻非常感兴趣。当然，重点要突出新闻性、有趣性。

图8-7　龙湖地产微博内容截图

(2) 创业口述史。

图 8-8 保利地产微博内容截图

大多数普通人对创业者总怀有一种好奇甚至尊敬的心态。企业微博可以有步骤有计划地叙述自己品牌的创业历程、公司创始人的一些公开或独家的新闻——类似一部企业口述史、电视纪录片。

(3) 发布与本行业相关的产品信息，如图8-9所示。搜集一些与产品相关的有趣的创意、有幽默感的文字、视频、图片广告，这些创意和广告不一定都是自己的品牌，可以是本行业公认的著名品牌。

图 8-9 龙湖地产微博网络内容截图

4. 互动营销游戏

在微博上搞活动真正符合微博拟人化互动的本质特征。只要产品有价值，没人能拒绝真正的"免费"、"打折"等促销信息，很少有人会讨厌此类信息。常见的微博互动活动形态，具体如图8-10所示。

形态一　促销互动游戏
尽量多做与产品相关的互动性游戏，如秒杀促销、抽奖等游戏，吸引微博用户参与

形态二　微博招聘
节约相互了解的成本；直接在微博上进行初次"面试"；发挥人际传播的效应；低成本的品牌传播

形态三　奖励产品用户在微博发言
微博是一个真正的口碑营销的好方式。鼓励已经使用或试用产品的微博用户发表使用体验，并对这些用户给予一定的奖励

形态四　产品试用活动
在微博上发起低成本的产品试用活动，活动结束期后鼓励试用者发布产品体验帖子

形态五　慈善活动
条件允许可以自己发起慈善活动，否则积极参与微博其他用户发起的慈善活动。对小的房地产企业来说，参与"微支付"的慈善活动，并不需要付出很大的成本，却可收获很大的关注人气

图8-10　常见的微博互动活动形态

二、在微博中植入广告

在现实生活中，人们购买产品时会"严重的"受到信任的朋友评价的影响。微博是人际交流的场所，在人们交流的过程中植入广告是微博植入式广告的核心。常见微博植入广告的形式，具体如图8-11所示。

1. 用户体验独白

人们每天都在微博里记述自己的生活经验和感受，这些内容一定会有相当比

例涉及自己使用的产品。这些评论就构成了真实的口碑。如果发起一个活动，让使用企业产品的用户来主动讲述自己的产品体验——无论好的体验还是坏的体验，给予体验独白用户一定的小奖励，就能激发用户向朋友传播这个品牌。

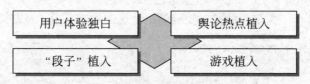

图8-11 常见微博植入广告的形式

2."段子"植入

好玩、幽默、人生感悟的"段子"（有时配上图片和视频）总是能让大众喜欢——喜欢理由如同人们喜欢听相声、脱口秀的理由一样。因此，房地产企业微博把品牌植入这些受欢迎的"段子"之中，受众一般不会反感，反而会赞叹创意的精妙。如图8-12所示。

图8-12 龙湖地产微博内容截图

3.舆论热点植入

针对热点人物可以设计广告。每个节庆日、体育赛事都会涌现舆论热点，可以抓住这些热点植入广告。舆论热点有发生、成长、高潮、退潮四个阶段，要敏锐地觉察舆论热点的发展过程，不要等热点退潮后再做文章，那时已经了无新意，引不起观众的兴趣了。如图8-13所示。

图 8-13 龙湖地产微博内容截图

4. 游戏植入

微博互动适合做一些秒杀、抽奖、竞猜等游戏，如蔡文胜的世界杯竞猜游戏吸引了大量的微博用户的参与，自然也为蔡文胜积累了不少粉丝。不过，蔡文胜的竞猜游戏没有和他自己企业的产品品牌联系起来。如图 8-14 所示为龙湖地产转发微博赠电影票活动。

图 8-14 龙湖地产网络内容截图

三、微博内容规划

有些企业在开设微博之前没有很好地对发布的微博内容进行规划,而什么内容都发布会误导粉丝,因此伤害了企业的品牌形象。很多时候,做好提前的设计和规划,不但事半功倍,还能有效地提升粉丝心目中品牌形象的地位。

一般情况下,就房地产企业微博而言,其内容规划大致可分图8-15所示的四步走。

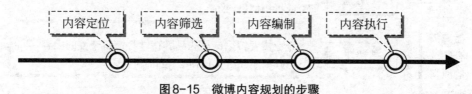

图8-15 微博内容规划的步骤

1. 内容定位

定位是微博内容规划时最先需要做的,可以帮助企业了解自身的情况,同时结合微博的属性做出适当的调整。

在内容定位过程中,企业需要结合原本做好的品牌定位总结出品牌的简单调性,也就是品牌定位下目标消费者对品牌的看法或感觉。

比如,企业的品牌调性是"年轻无极限,给爱挑战生活向往自由的你一片属于自己的天空",那么品牌调性的关键词就是"年轻""刺激""自由"等。

利用品牌调性,结合品牌自身的受众,就可以总结出品牌的内容个性。说明企业品牌的微博内容在风格上面需要展示一个青春有活力的形象,而在内容选取上就要适当倾向和大家分享一些积极向上的博文。

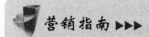

企业的不同品牌所体现的内容个性可以有所不同,不同个性的品牌之间互动会增加更多看点,但是整体风格还是需要依照企业的形象去设立。

2. 内容筛选

在做好企业微博内容定位后,结合所设定位,接下来就要进行内容的筛选、制定范围和标准。通常发布博文信息是为了吸引用户的注意,以增加用户的黏性和适当体现品牌的价值。不同的博文可以有不同的特性,企业可以根据博文的性质来筛选合适的内容。就微博内容而言,可以从图8-16所示的几个方面对其进行筛选。

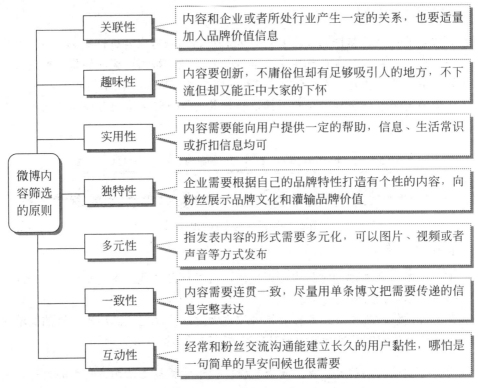

图8-16 微博内容筛选的原则

3. 内容编制

做好微博内容定位，确立了内容筛选的范围后，接下来就需要对内容进行编制和管理。系统化的内容管理机制有助于运营专员快速地对微博内容做出判断、筛选和发布，同时也能大大地减少层层上报这种繁琐流程而浪费的时间。其中，按照内容来源方式分类，可将微博内容分为图8-17所示的四种类别。

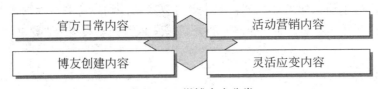

图8-17 微博内容分类

（1）官方日常内容。日常内容是企业微博每天定时定刻需要发布的内容，为企业微博固定板块。日常内容可原创，也可引用他人的精华内容，但是切记注明作者和出处。

（2）博友创建内容。该部分内容指日常微博运营过程中，对微博信息进行适当采集（舆论监控），并结合品牌及微博个性对部分内容点评并转发生成的微博内容。博友创建内容需要运营人员仔细筛选，取其精华去其糟粕，答复的同时也需要体现微博的人性化特点，切勿生搬硬套。

（3）活动营销内容。适当举办活动营销，提高企业微博知名度，获取潜在客户的关注。活动的形式可以多样化，主要目的是和用户进行持续互动，建立关系。有时候一些有趣的小活动，即使没有任何奖励，只要能让粉丝产生足够的兴趣，也未尝不可。然而必要时候也需要举行一些有奖转发，回馈粉丝一直以来的支持。

（4）灵活应变内容。这部分内容产生的渠道可分为图8-18所示的两种。

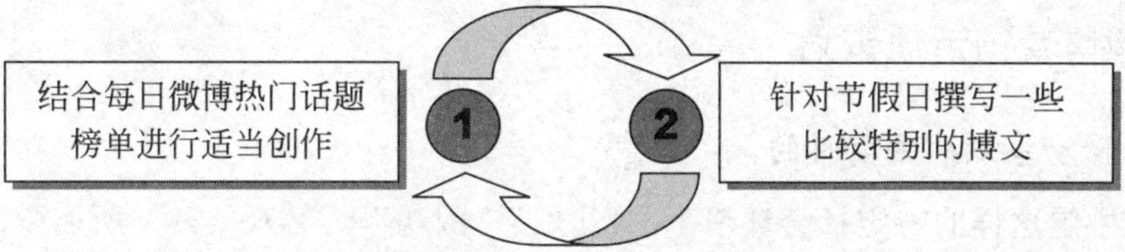
结合每日微博热门话题榜单进行适当创作
1
2
针对节假日撰写一些比较特别的博文

图8-18　灵活应变内容的来源

营销指南 ▶▶▶

对于以上四种微博内容的发布比例，需参照微博整体定位中，企业利用微博的目的和期望达到的效果而调整。

4. 内容执行

此部分可以从执行时间和执行人员两个方面去分配。

（1）执行时间。对于微博内容的具体发布时间，可参考图8-19所示的规则。

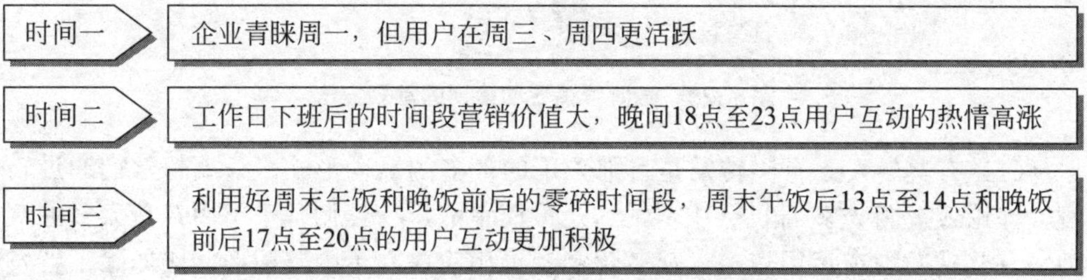
时间一
企业青睐周一，但用户在周三、周四更活跃
时间二
工作日下班后的时间段营销价值大，晚间18点至23点用户互动的热情高涨
时间三
利用好周末午饭和晚饭前后的零碎时间段，周末午饭后13点至14点和晚饭前后17点至20点的用户互动更加积极

图8-19　微博内容的发布时间

上面的几个规则只是一般的用户习惯，如果想要增加博文的曝光和提高互动量，企业还需根据自身的粉丝习惯来做出调整。

（2）执行人员。在规划好内容发布时间后，人员的安排也需要企业注意。

① 大企业有完善的人力资源系统,可以每一个环节都安排指定的人员进行24小时实时监控和维护。

② 对于只有一个微博运营专员的企业,则需仔细规划时间,争取三分之二以上的时间用于监控互动,留下三分之一的时间用于内容的筛选和撰写。

③ 对于有两个微博运营专员的企业,则可以安排一个专员进行原创内容的编制和筛选,另一个专员进行网络内容的筛选和搜索。

④ 对于没有固定维护专员的企业,若能够对人员进行合理安排,微博能做到定时更新、时常在线,也是能起到一定的推动作用。

四、微博营销活动策划

1. 活动策划的主要目的

在中国这样的特定社会环境下,"扎堆""围观"是客观实际,所以微博在没有进入更高阶段的营销进化之前,活动依然是现在微博营销的一个利器。

如果对企业微博来说,内容建设是留人,那么活动策划就是拉人,企业做微博活动要么是吸引新粉丝,要么就是增强粉丝互动,增加活性,传递品牌。特别是在企业微博粉丝增长期,活动更是吸引粉丝最行之有效的法宝。

2. 活动策划的常规方法

微博营销活动策划的常规方法有图8-20所示的四种。

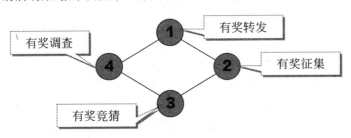

图8-20 微博营销活动策划的常规方法

(1) 有奖转发。有奖转发是目前采用的最多的活动形式,只要粉丝们通过转发、评论或@好友就有机会中奖,这是最简单的,粉丝们几乎不用花费太多的气力。有奖转发现在运用较多,众多营销者也相应提高了中奖门槛,比如除了转发外,还需要评论或@好友达到一定数量或者更多。

(2) 有奖征集。有奖征集就是通过征集某一问题解决方法吸引参与,常见的有奖征集主题有广告语、段子、祝福语、创意点子等,调动用户兴趣来参与,并通过获得奖品吸引参与。

(3) 有奖竞猜。有奖竞猜是揭晓谜底或答案,最后抽奖。这里面包括猜图,还有猜文字、猜结果、猜价格等方式。这种活动方式的互动性比较好，而且随着趣味性的增加，在促进粉丝自动转发的效果上有很好的表现。

（4）有奖调查。有奖调查目前应用的不多，主要用于收集用户的反馈意见，一般不是直接以宣传或销售为目的。要求粉丝回答问题，并转发和回复微博后就可以有机会参与抽奖。

3. 活动策划的关键点

微博营销活动策划的关键点如图8-21所示。

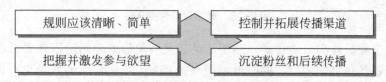

图8-21　微博营销活动策划的关键点

（1）规则应该清晰、简单。通常情况下，为了更清晰地描述活动规则，往往使得官方微博活动规则过于复杂，在阅读上需要消耗访客的更多精力。而要想使活动取得最大的效果，一定不要为难参加微博活动的用户去读长长的一段介绍文字，要尽可能简单描述。活动规则简单才能吸引更多的用户参与，最大程度上提高品牌曝光率。因此，活动官方规则介绍文字宜控制在100字以内，并配以活动介绍插图。

（2）把握并激发参与欲望。只有你满足了用户的某项需求，激发了他们内心深处的欲望，用户才会积极踊跃地参加你的活动。激发欲望最好的方式就是微博活动的奖励机制，这里面包括一次性奖励和阶段性奖励。所以官方微博活动奖品的选择很讲究，具体如图8-22所示。

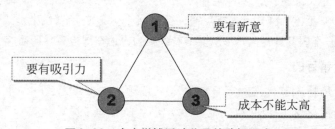

图8-22　官方微博活动奖品的选择要求

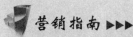

微博活动奖品如果是印有官方LOGO的纪念品之类的也很有趣。

（3）控制并拓展传播渠道。微博活动初期是最关键的，如果没有足够的人参与，就很难形成病毒式营销效应。可以通过内部和外部渠道两种方式解决，具体如图8-23所示。

图8-23　微博活动传播渠道

（4）沉淀粉丝和后续传播。微博活动在文案策划的起始阶段就要考虑到如何沉淀优质粉丝传播的问题，同时鼓励用户去@好友，@好友的数量也有讲究，如果@的太多的话，会导致普通用户遭受@骚扰。

另外，通过关联话题引入新的激发点，带动用户自身的人际圈来增加品牌的曝光率，促进后续的多次传播。

下面提供一份××广场情人节微博营销活动方案的范本，仅供参考。

范本：××广场情人节微博营销活动

一、活动背景

××集团成名于其在全国多个城市成功复制开发的城市综合体项目——××广场。每个项目都具有较高的商业消费属性，项目发展与当地商业环境、居民认知度和品牌形象塑造等因素相关。

2017年情人节前夕，××集团开通@××广场官方微博。营销诉求为：在2017年2月9日至2月14日情人节期间，全国44个××广场以线上加线下的互动营销模式，整合全国品牌，制造一场具有持续影响力的全国性事件的品牌营销活动。

二、营销目的

（1）借势情人节，增加节日前后××广场的线上曝光量和线下客流量。

（2）全国××广场联动，提升××广场品牌知名度。

（3）整合各地××广场官博，快速建立一个@××广场集团官博为中心的微博矩阵。

三、营销策略

采用线上、线下的整合营销方案。线上充分借助微博平台，通过转发送奖形式扩大活动覆盖面，同时逐步提升品牌知名度，并引流人群进行线下消费。线上以"爱的平台"为主题，发起数轮微博大抽奖活动，线下联合旗下各大主力店以"爱的汇聚"为主题，发起各类情人节营销活动。

（1）线上活动

120部iPhone免费送：关注@××广场并转发活动微博，即有机会获得2月14日分12次送出的120部iPhone7。活动同时还每日送出1000份××影城双人情侣套票。

每日转发抽奖活动：关注@××广场并转发微电影视频微博，即有机会获得每日2份马尔代夫双人往返机票及情人节当天送出的39 999元日本冲绳岛婚礼产品1份。

（2）线下活动

情人节浓情有约活动：分为全城热恋为爱告白、百万玫瑰为爱传情、爱情仙子甜蜜相伴、情人节相亲狂欢大派对、趣味爱情运动会、情人节爱情婚纱秀场等多种形式的活动。

情人节优惠有约活动：2月14日，××广场主力店联合推出优惠活动，百货、步行街服装、服饰情人节特别促销，2月14日当天于广场内购买服装、饰品类商品均送礼品。××影城、××百货、大玩家电玩城、大歌星KTV、沃尔玛、国美电器、××广场内部众多商户，全部参与了此次活动。

（3）通过多种类的媒体渠道扩散宣传

总部推广：包括新浪微博活动首页专题推广、门户网站、论坛、QQ群、统一海报等。

地方推广：报刊、电台、网络、各地官方微博、广场内部LED大屏同步宣传。

四、营销总结

（1）快速聚集意向用户。2017年2月9日至2月14日，@××广场粉丝新增54万人，各地××广场微博粉丝总共增加36万，整个活动的参与人数超173万人次。××广场官方微博创造了同期官博转发、评论量第一的记录。6天时间，总转发量2692141条，评论量819615条。××广场博文曝光量2~3月份出现剧增势头。活动之后的数月博文曝光量在100万/天以上。

（2）@××广场官博影响力剧增。××广场官方微博连续6天在新浪微博的全站影响力排名第一，从2月9日微博上线，××广场官方微博影响力即攀升至800的高点。本轮营销后，××广场官博影响力进入平稳增长阶段。

（3）良好的品牌形象推广。××广场情人节系列活动，连续占据新浪微博24小时活动热榜榜首，全部活动均入围新浪微活动前两屏，被微博网友戏称为新浪微活动"××占领周"。以微博为核心的全国跨区域营销试水成功，赢得了较高的品牌知名度、口碑、影响力传播和回报。

第九章
房地产微信营销

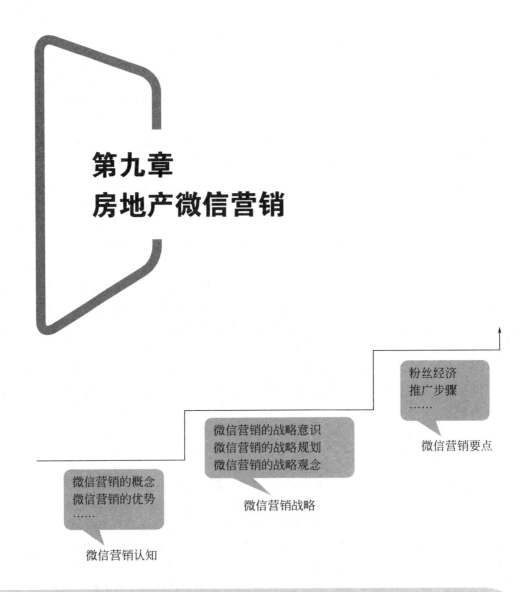

随着微信用户的不断普及,微信营销成了继微博之后的又一新型媒体营销渠道。多家房企顺应大势纷纷加入到微信营销大军中,以适应市场日新月异的变化。微信除了作为一种交友聊天工具,逐步走进市民日常生活,也悄然成为房地产营销的新宠儿。

第一节　微信营销认知

一、微信营销的概念

微信营销是网络经济时代营销模式的创新,是伴随着微信的火热产生的一种网络营销方式。微信不存在距离的限制,用户注册微信后,可与周围同样注册的"朋友"形成一种联系,用户订阅自己所需的信息,商家通过提供用户需要的信息,推广自己的产品,进行点对点的营销方式。

二、微信营销的优势

微信营销是网络时代对传统营销模式的一次创新,为众多行业都带来了契机,为企业管理者拓展了新的营销思路,借助微信平台可以实现品牌推广、渠道扩展和客户服务等功能。在房地产项目营销中应用微信营销,具有图9-1所示的优势。

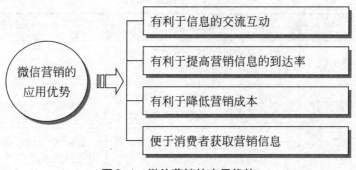

图9-1　微信营销的应用优势

1. 有利于信息的交流互动

房地产企业利用微信来进行营销,能够对消费者的反馈意见加以收集,并借助微信公众平台的数据统计功能,统计分析消费者的分布情况、关注情况和主要意见集中点等,从而达到营销方案的优化,增强营销效果。

2. 有利于提高营销信息的到达率

微信营销作为一种"许可式"的营销,主要是由消费者采用账号输入或二维码扫描等方式,对企业的官方微信进行添加,从而接受企业推送的营销信息,具有较高的信息到达率。

3. 有利于降低营销成本

以往的营销方式需要耗费较多的成本，如纸质宣传单、电视、报纸和户外广告等，这些都需支付高昂的费用。而微信营销主要是基于免费的微信平台，许多功能可实现零费用使用，并充分利用企业现有的网络设施、网络资源和营销团队，降低营销成本。

4. 便于消费者获取营销信息

微信营销属于一种全天候、移动式和富媒体的营销，消费者只需通过手机或官方微信等，就可获取楼盘的实景图片、户型图和交通位置等信息，让消费者轻松系统了解楼盘的相关信息，激发消费者的购买兴趣。

三、微信营销的方式

微信一对一的互动交流方式具有良好的互动性，精准推送信息的同时更能形成一种朋友关系。基于微信的种种优势，借助微信平台开展客户服务营销也成为继微博之后的又一新兴营销渠道。微信营销的方式有表9-1所示的几种。

表9-1 微信营销方式

序号	方式	说明	备注
1	漂流瓶	把消息放进瓶子里，用户捞起来得到信息并传播出去	随机方式推送信息
2	位置签名	在签名档上放广告信息，用户查找附近或者摇一摇的时候会看到	路牌广告，强制收看
3	二维码	用户扫描二维码，添加好友，进行"互动"	表面是用户添加，实际是得到用户关系
4	开放平台	把网站内容分享到微信或者微信内容分享到网站	与各种分享一样
5	语音信息	通过语音推送和收集信息，类似微信热线	—
6	公众平台	微博认证账号，品牌主页	专属的推广渠道

四、微信公众号

微信公众号分为公众平台服务号和公众平台订阅号。公众平台服务号旨在为用户提供服务；公众平台订阅号，旨在为用户提供信息。订阅号与服务号各有优劣，具体如表9-2所示。

表9-2 订阅号与服务号的优劣

序号	账号类型	优势	劣势
1	订阅号	（1）可以每天推送消息 （2）保持较高的曝光率 （3）用户无需到店也能及时获得优惠	（1）消息被并入二级菜单，打开率低 （2）需要专人长期进行维护 （3）顾客需要回复关键词才能进行互动
2	服务号	（1）顾客能直接收到消息提醒 （2）顾客可以通过底部自定义菜单直接找到优惠信息 （3）方便顾客使用 （4）使用服务号的都是大企业，有利于树立品牌形象	每月只能发送1条信息

相关链接

服务号与订阅号的区别

服务号给企业和组织提供更强大的业务服务与用户管理能力，帮助企业快速实现全新的公众号服务平台。订阅号为媒体和个人提供一种新的信息传播方式，构建与读者之间更好的沟通与管理模式。两者的区别如下。

1. 适用的人群不同

服务号适用于媒体、企业、政府或其他组织；订阅号适用于个人、媒体、企业、政府或其他组织。

2. 群发消息的不同

服务号1个月（自然月）内仅可以发送4条群发消息；每天（24小时内）可以发送1条群发消息。

3. "高级功能"的不同

服务号的高级功能里比订阅号的高级功能多一项自定义菜单功能，这个功能可以丰富会话窗口，增加用户的体验度。

4. "服务中心"功能的不同

服务号和订阅号的服务中心都有基础接口、微信认证这两项功能，但服务号比订阅号多了自定义菜单、高级接口这两项功能。

5. "我的服务"功能的不同

服务号的"我的服务"有基础接口和自定义菜单两项功能，可根据需要自定义相关菜单；订阅号"我的服务"中只有基础接口一项功能，只能用做设置消息。

6. "统计"功能不同

服务号的统计有四项功能，前三项和订阅号是一样的，操作和功能也是一样的。只有第四项，接口分析是服务号特有的，订阅号是没有的。

五、微信营销的价值

房地产企业应用微信营销，带给企业的价值如图9-2所示。

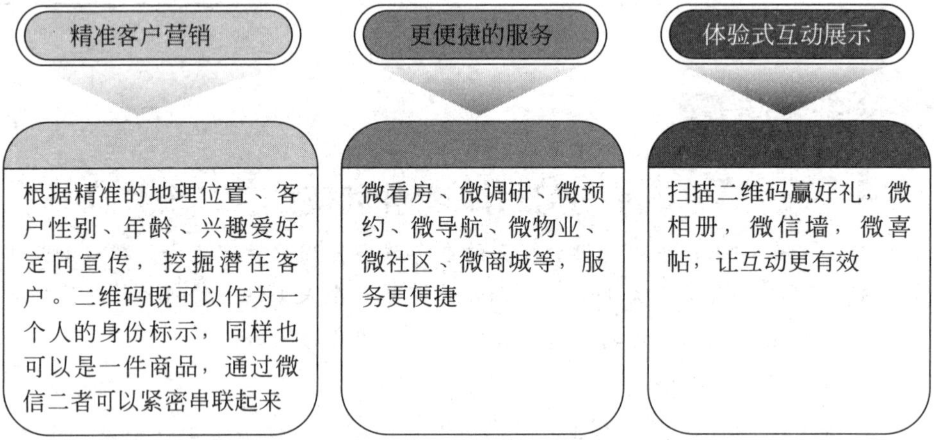

```
┌─────────────┐    ┌─────────────┐    ┌─────────────┐
│  精准客户营销  │    │  更便捷的服务  │    │ 体验式互动展示 │
└──────┬──────┘    └──────┬──────┘    └──────┬──────┘
       ▼                  ▼                  ▼
┌─────────────┐    ┌─────────────┐    ┌─────────────┐
│根据精准的地理 │    │微看房、微调研、│    │扫描二维码赢好 │
│位置、客户性别、│    │微预约、微导航、│    │礼，微相册，微 │
│年龄、兴趣爱好 │    │微物业、微社区、│    │信墙，微喜帖， │
│定向宣传，挖掘 │    │微商城等，服务 │    │让互动更有效  │
│潜在客户。二维 │    │更便捷        │    │             │
│码既可以作为一 │    │             │    │             │
│个人的身份标示，│    │             │    │             │
│同样也可以是一 │    │             │    │             │
│件商品，通过微 │    │             │    │             │
│信二者可以紧密 │    │             │    │             │
│串联起来      │    │             │    │             │
└─────────────┘    └─────────────┘    └─────────────┘
```

图9-2 微信营销的价值

第二节 微信营销战略

微信营销，如果没有精心的规划和设计，仅凭简单模仿，是不可能有任何成效的。有些开发商的微信平台之所以没起到销售作用，是企业没能重视微信营销，没能将其纳入公司的整体营销战略，没有上升到战略意识层面，没有制定战略内容规划，没有与其他的营销模式进行战略结合。

一、微信营销的战略意识

要想最大限度地发挥微信营销的功效，仅仅开通一个公众号，靠一个微楼书来推广，肯定是不行的，开发商必须要具备微信营销的战略意识。

制定微信营销战略之前，先要搞清楚下述问题。

（1）企业做微信营销的目的是什么？

（2）想达到什么样的效果？

（3）针对的是何客群，该客群是否囊括了企业产品的所有目标客群，如果没有，那还需要哪些营销方式作为补充？

（4）如何与其他营销方式相结合？

（5）针对目标客群，结合自身的目标要求，考虑微信平台要如何推广？

（6）平台要包括哪些内容？

（7）互动交流的目的及方式是什么？

（8）如何将微信的推广转换为成交量？

……

小案例

大连市的某花园城项目位于海之韵公园以西，该项目制定微信战略规划的思路非常明确，就是通过微信营销，提升项目的销售业绩。

海之韵公园西边区域的基础设施配套建设略滞后，周边人口密度不高，而且受周边中山广场中心区的影响，部分区域客户被吸引离开本区域。本地客源非常有限，但海之韵区域的工业较为发达，企业较多，也建设了一个大规模的产业园区，园区内不乏强如世界五百强的生产企业。鉴于此，该花园城项目定位为刚需首置产品，主要针对外来产业工人、技术工人，这些人群普遍较年轻，对微信等新事物都比较熟悉并应用广泛。而且产业区企业较为集中，能充分发挥微信的定位功能。看到这些营销机会时，项目开发商决定将微信营销纳入项目的整体营销战略，并作为重点。

将微信营销提升到了战略层面之后，该项目所有的活动策划都围绕微信这个点展开，让营销落地，即注重微信营销与现场销售、活动的结合。例如，项目开发商运作了送早餐活动，连续多天在产业园区给这些产业工人、技术工人免费赠送早餐，工人可以通过扫描早餐盒上的二维码关注项目微信平台。并站在目标客群的角度去考虑他们关心什么，想了解什么，尽量想得全面，打到这些刚性置业顾客的心里面去。他们作为外地人每天挥汗如雨、加班加点地拼命工作，就是为了能在大连安个小家。而该项目恰为小户型产品，是专门为愿在大连落户的外来务工人员设计的，所以其微信平台上描述的重点便由此展开。再通过微信平台与客户的互动，不断完善平台的内容。

同时，该项目还在微信平台推行购房优惠活动，实际上，微信平台给予超额优惠是有操作可能的。因为,微信营销的成本是低于其他营销方式的。比如,该花园城项目已与传统电商合作,只要是到现场成交的客户,开发商要给电商每户一万元的费用。但如果是能证明仅是通过该公司其他渠道来访的客户,可不用支出一万元电商推广费用。那么,开发商就可以给予微信到访的客户额外一万元的优惠,但必须是第一次来访前,已经关注微信的客户。

二、微信营销的战略规划

微信营销作为一种交互式的营销模式,除了常规的单向信息发布外,还应有与目标客户沟通交流的作用。无论是发布的信息,还是与客户交流的内容都应当被重视并有效管理。如下述问题都应纳入企业微信营销的战略规划中。

(1)哪些信息的发布将有利于企业品牌的树立?
(2)哪些信息的发布有利于房产的销售?
(3)微信平台应该设置哪些模块,每个模块又具体应该包含哪些内容?
(4)是否应该设置微信客服岗位,客服人员又该如何管理?

因此,房地产企业的微信平台应做好模块设计。房地产企业搭建的微信营销体系,一般如图9-3所示。

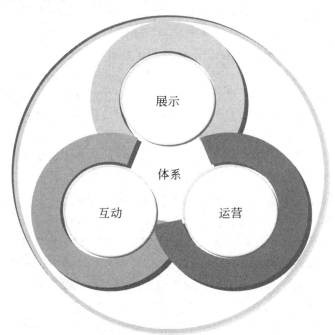

图9-3 微信营销体系

1. 展示

展示体系如图9-4所示。

通过微信平台全面展示钢都花园的户型，服务，简介等。让用户随时查阅钢都花园的信息。有效传播品牌文化，便于分享。

在微信聊天窗口自定义菜单，直接点击菜单查看相关功能。打造便捷易推广的微信内置APP，提高用户体验。

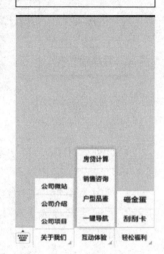

图9-4 微信营销体系——展示

2. 运营

（1）运营核心。运营核心如图9-5所示。

核心	互动与服务，透过服务、透过贴心的对话来实现营销目的
初期	运营微信的初期，微信应当成客服工具，通过微信给客户提供实时化、个性化、移动化的客户体验，提高用户黏度
成熟期	逐步把客户过渡为客户关系管理工具，通过微信管理客户关系。通过深层次分析客户，向不同类型客户推送精准消息、服务及活动，达到营销目的

图9-5 运营核心

（2）运营规划。运营规划如图9-6所示。

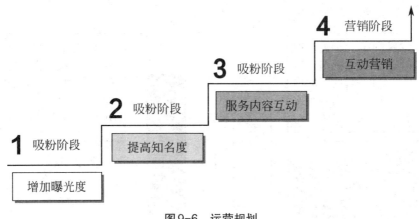

图9-6 运营规划

3. 互动

（1）对外。根据一年中重要的节点（如节日）以及楼盘项目阶段性的动态，策划一系列线上线下相结合的互动性活动，吸引新客户。

（2）对内。根据一年中重要的节点（如节日）以及已有业主所在小区的阶段性动态，策划一系列线上线下相结合的互动性活动，服务老客户，带动推广宣传。

（3）推广

① 依托现有媒体资源（报纸、电视、户外、网站等）进行植入式宣传。

② 在售楼部附近放置印有二维码的宣传品，进店扫描二维码领奖，将顾客发展成为粉丝。

③ 通过互动活动、内容策划、增加服务功能引导老业主关注、分享，增加公众号曝光率，吸引新粉丝，发展新业主。

④ 找到目标人群的圈子（如论坛、贴吧等），通过这些平台的社交账号进行推广。

⑤ 发放电子会员卡，精准收集意向会员数据。

三、微信营销的战略观念

眼下，大多数房企仅将微信营销作为一个低成本的、一般的推广手段来看待，既然成本较低，做总比不做强。一来没有意识到微信营销与传统营销（包含传统网络营销）的不同及优势，二来不重视，导致企业无法将微信营销与其他营销模式做到有机的统一。事实上，各类推广方式、销售渠道要相互配合，把传统营销和微信营销整合到一起，就会产生1+1＞2的效果，具体包含图9-7所示的几种方式。

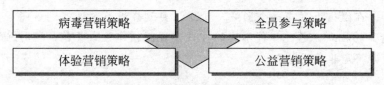

图9-7 微信营销的整合策略

1. 病毒营销策略

所谓病毒营销,就是通过口碑传递,迅速扩大推广宣传范围,使受众以几何级数增长。从微信的角度说,就需要通过一些活动,利用微信本身的朋友圈、集赞有奖等方式来实现病毒营销。

比如,只要粉丝关注企业微信平台,并将之转至朋友圈,或者有多少位朋友来点赞平台发布的内容,都可以获得奖品或者抽奖机会,以这种方式来达到项目宣传的目的。

虽然通过这种方式带来的粉丝,其忠诚度、契合度要比较弱一些,但总比没有强。

小案例

某地产项目在其微信平台推广的名为"来相亲,玩微信,赢大奖"活动,只要转发就有抽奖机会,一等奖是精美情侣写真摄影一套,二等奖是大连周边一日游,三等奖是超大情侣抱枕一对。这个活动一经推出就在项目周边吸引了不少年轻人参与,赚足眼球。

2. 体验营销策略

体验式营销的效果是非常明显的,随着市场竞争的加剧,现代房地产销售与十年前完全不同。随着市场的完全竞争化,体验式营销的效果越来越被熟悉认知,除了早期的样板房,现在还会做一些景观示范区、建材展示、绿色建筑、绿色技术展示等一系列体验设施。

微信与体验营销相结合主要是两种方式。第一种是通过现代多媒体技术,制作三维视频,将整个小区未来的各个场景亮点,甚至一草一木展示在微信平台上,将小区的景观、道路、室外公共空间、会所、建筑单体的公共空间(入户大堂)、电梯、样板房等全部体现在微信平台,供广大粉丝了解,以三维技术并用手机来体验小区未来居住的舒适度,这一过程也比较有娱乐性,容易吸引手机用户的参与。第二种结合方式是通过微信活动将粉丝带到样板展示区现场。

比如，在微信上发布一个图案，粉丝只要到样板展示区找到该图案就可以获得一份精美的礼品。通过各种不同的方式实现微信体验式营销，这对房地产销售效果的提升将是非常明显的。

3. 全员参与策略

鼓励全体员工都要参与到微信营销中，通过朋友圈等渠道，推广企业的微信号，在转发朋友圈的同时，首先要注明自身企业的房产优势，吸引到真正要买房的朋友关注，其次，在转发的同时可以说明，关注微信号后，我们平台经常会有一些抽奖活动，而且不乏液晶电视这样的大奖，以此来吸引更多的人加入。

> **营销指南** ▶▶▶
>
> 一般房地产企业员工的圈子，很多都是地产产品的准客户，他们是针对性比较强的目标群体，这点必须引起广大房企的重视。

4. 公益营销策略

公益营销能大幅提升企业的正面形象，有助于企业及其产品被目标客户群信任，其广告效果非常明显。将公益活动通过微信平台等媒介让目标客群获悉并参与，能迅速体现出传统公益营销的作用，产生1+1＞2的效果。

> **小案例**
>
> 某知名地产项目在其微信平台上推广名为"绿丝带"的公益活动，以资助贫困地区教育为主，将有爱心的粉丝一起纳入到"绿丝带"的公益活动中。这一举动对提升开发商的整体形象是非常有帮助的，通过微信平台招募粉丝志愿者，与开发商的员工同行，共同参与到"绿丝带"公益行动中，之后再对参与公益活动的微信粉丝展开微信访谈节目，并在平台上播出。

第三节 微信营销要点

随着智能手机和移动互联网的发展和普及，微信凭借自身的社交优势受到人们的青睐，借助公众平台来凸显营销功能，成为房地产项目营销中的重要手段。

一、粉丝经济

微信粉丝不同于明星的粉丝。微信粉丝与微信拥有者其实是生产者与消费者的关系，生产者提供产品、知识、技能等消费者需要的东西，消费者便主动依附于你，购买你的产品，听你讲的知识，从而带来经济效益，便称之为粉丝经济。

微信营销归根结底就是粉丝营销，粉丝为王，拥有粉丝就拥有了客户。那么问题来了，怎样才能拥有自己的粉丝，怎样才能拥有自己的精准粉丝，怎样才能让粉丝主动与你合作，怎样才能让粉丝实现二次传播？

1. 粉丝积累

对于房地产企业来说，微信营销第一步就是有数量众多的粉丝，通过在粉丝中推广营销来提高受众，增加潜在客户。当微信公众平台有了一定数量的微信粉丝之后，营销计划才可能会有效果，才能看到微信营销的威力。

在微信中，用户可以通过扫描辨认二维码身份来增加伴侣、重视企业账号。企业可以设定本人品牌的二维码，用折扣和优惠来招引用户重视，拓宽微信营销的推广形式。

房地产企业要利用微信吸收更多的粉丝，可以采取线上线下结合的方法进行，尽量争取更多的粉丝，并努力将他们发展成自己的客户。

线下永远是搜集微信精准粉丝的最佳渠道，所以房地产企业一定要做好线下客户的积累，而不是盲目地利用各种网络渠道去推广公众号和二维码，微信的营销不在客户数量而在客户质量，只要有精准的粉丝，就算粉丝量只有几百人，都能把粉丝非常有效地转化成购买者。具体方式如图9-8所示。

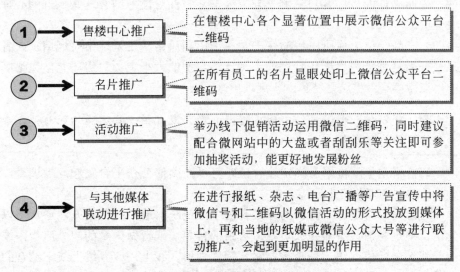

图9-8　微信线下推广的方式

2. 粉丝维护

在完成最初的粉丝积累后,通过对微信的日常维护,可以将优惠信息推送给顾客,刺激顾客二次消费;也可以通过微信和粉丝互动,提升顾客活跃度;或者是推送美文通过软性的营销手段塑造企业品牌形象,提升品牌在顾客心中的形象。

二、推广步骤

从房产市场综合来看,通常分为两个部分:个人住宅项目与商业地产项目。个人住宅通常是由家庭来决定购买意愿,在家庭中占据主导地位的通常是女性,因此在微信营销计划制订过程中,要把握住女性消费心理;而商业地产项目过程中,更多需要考虑到的是场地用途等其他因素,因此微信营销策划人需要有一个全局的把控能力。

下面以个人住宅项目为例,可将房地产微信营销详细分解为图9-9所示的四步。

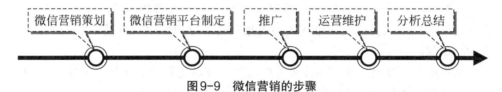

图9-9 微信营销的步骤

1. 微信营销策划

微信营销策划就是将地产项目与微信营销结合起来进行定位,具体如下。

(1)客户定位。房子是针对年轻群体推出的,还是别墅型针对高收入群体推出的?先明确你的目标客户是哪一部分人群,有针对性地结合这些人群的心理特点去分析。

(2)产品定位。你所出售的房子是属于田园风格,还是地中海风情,或者欧美风又或者是饱含古典文化特色的中国风。户型的大小也会对房屋整体风格产生影响,在微信平台将这些特色一一展现出来。

比如,可以拍一部浪漫的田园风情微电影,或者拍一些漂亮的照片,或者书写一些房子的美好故事。

(3)价格定位。价格怎样定才合理?可以在微信公众平台发起问卷调查,综合分析用户的心理价格来确定。

(4)营销策略定位。营销的方式有很多,传统房地产的营销方法通常是以线下为主,通过聘请一些兼职人员发放大量的传单,或者做大量的户外广告,或者展会。那么做微信营销,是否需要将营销主力引入线上,或者线上线下结合的方式来进行?这些营销人员都必须谨慎考虑。

营销指南 ▶▶▶

在整个的微信营销过程中,房地产企业需要明确定位的目的是协助或者主导楼盘的宣传推广,帮助房地产的营销人员在不同渠道创造更多销售机会,促进客户的购买率。

2. 微信营销平台制定

房地产企业和餐饮企业不同,消费者每天都需要吃饭,但对于房子的购买,可能20年或者30年才会有一次,是一辈子的家。因此,在制定微信营销平台时要考虑到这些因素,要让购房者在多次的查看、对比、咨询过程中,既能够方便客户节省客户时间,又能够让客户全面了解详细信息。因此对于公众账号名称拟定、微信官网建设、微信栏目架构都要拟定一个详细的方案。

3. 推广

微信营销中,推广是重要的一步,为什么很多房地产企业会大量地做广告,户外广告、电梯广告、公交站牌广告,随处可见房地产广告的身影。将微信营销结合起来,又该怎么去推广呢?具体方法如图9-10所示。

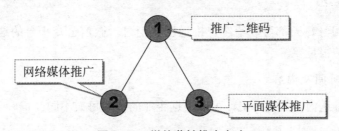

图9-10　微信营销推广方法

(1)推广二维码。在客户最常见到的户外广告上印上二维码,扫一扫二维码就能领取礼品是最简单的方式。其实,能够印制二维码的地方有很多,可以在DM宣传杂志、楼盘宣传手册、户型图和员工名片上印上二维码。

(2)网络媒体推广。可以和合作的媒体互推,也可以在门户网站进行推广,借助名人微博、微信大号、朋友圈、微信群、知名论坛等推广,还可以通过百度竞价、网盟来推广。

(3)平面媒体推广。在X展架上、报纸杂志上都可以印上二维码,还有电梯广告上也可印上二维码,二维码的设计可以是围棋状,也可以是用蛋糕盘托着的二维码等。

4. 运营维护

(1)日常互动。房地产微信营销运营人员可以在微信平台和用户一起互动。

比如随时发起一些大转盘、抽奖、房屋装修知识问卷等。借助经过微信二次开发后的会员系统，对客户分组管理，定期向客户发起一些问候。

（2）特殊时期活动。重大节日或者有大的事件的时候，可以结合做一些有针对性的节日活动。

比如，元宵节即将到来，可以策划一项元宵节微信活动，让客户能够感受到切实的关怀；情人节可以做情人节活动，又有趣又吸粉；即将来到的中秋节，可以策划一起中秋节微信活动，让客户能够感受到企业切实的关怀，而不仅仅是一个房屋销售人员。

5. 分析总结

（1）日常分析。对日常的工作中微信后台的数据进行分析，并主动搜集微信营销的相关数据，以数据为依据优化微信发布内容、时间、互动方式，让公众号各方面的数据都保持一个良性的增长趋势。

（2）活动总结。大型推广活动结束后，将活动前后的各方面数据进行对比总结，计算投入产出比，优化下次活动的方式、内容。

三、图文推送

微信订阅号每天都可以给客户推送图文消息，微信公众平台的这一功能对微信的日常维护很重要。

1. 推送时间及内容

在微信推送内容的选择上，可以根据企业的需要每天不同。

比如，周末可以发送优惠信息，平时可以发送家庭装修常识，也可以推送房产政策、美文推荐等（图9-11）。

2. 推送的注意事项

向微信粉丝频繁地推送消息可以提高企业的曝光率，也可能会招致粉丝的反感，让粉丝取消关注。所以在推送内容的选择上需要经过仔细选择，及时分析微信数据，根据数据调整微信推送的内容。

营销指南 ▶▶▶

房地产企业要通过推送信息让客户了解企业，拉近企业和客户之间的距离。

图9-11　企业推送微信内容截图

相关链接

微信推送图文消息不可忽视的细节

1. 推送时间

把握好推送的高峰时间。根据有关统计显示，一天之中有这么几个推送阅读高峰期：上午9点到10点，中午13点，下午17点，晚上21点和23点。这其中，又以晚上21点和23点的访问量最大。所以真正的黄金时间，是每天晚上大概20点20分发。这些时间读者有足够的时间来阅读白天推送的内容，适合做产品的促销，顾客可以订购产品，带来产品真正的销售。

周末是低谷期，重要文章不要选周末发。从周五晚到周六、周日的读者反馈都很少，新增读者也少，微博也不利于传播。

2. 频率

一天一条单图文信息；或隔天一条多图文信息（企业可选择在每周一三五进行推送，而实时消息要及时回复）。

3. 内容

文案（每当发一篇含金量比较高的文章时，读者增长数、消息数都会爆

发，伴随着的还有传播数）

（1）发布文章不一定要长篇大论，一定要引发读者的思考，一般内容在300～500字。

（2）文章的标题要有特点，尽可能吸引到读者来阅读。毕竟现在订阅的公众账号多了，竞争很激烈，再好的文章，读者不点进来看也是白搭。

（3）不要每天推送大量的内容给潜在顾客。要创造可以跟读者沟通的话题，要知道所有价值都来于沟通，推送再好的内容，不如跟读者沟通一次。

（4）字体大小，要尽可能大一点，因为手机屏读文章已经够吃力了，字体小了眼睛会累。

（5）段落排版上，每一段尽可能短一点，尽量避免出现大段的文字，如果有，拆分之。还是因为手机屏幕小的原因，拆成小段落后，读起来会更舒服。如果手机整屏都是一段文字，估计眼睛也会花很久。

（6）在每篇文章的最后，要附带上版权信息。因为微信的内容可能会被分享到各种地方，带上自己的版权信息就为读者增加了一个入口（图片上也要带上自己的版权信息）。

（7）尽量写图文消息，而不要只推送文字消息。附带上一张图，体验会好很多。但要注意图片的流量。所以如果不是特别需要，尽量不要在文章里插入过多的图片，尤其是大图一定要经过压缩。

4. 预览

别出现错别字，每篇文章都多校对几遍再发。微信上的读者太犀利了，任何一个错别字发出来，都会有读者发消息来指正。要是什么地方说错了，也会第一时间被发现。不过不用畏惧犯错，今天说错话了，明天再改正。群发消息前最好先发送到自己手机里预览一下效果，然后做出调整。

5. 不要忽略了"数据统计"这个板块

当企业给自己的微信公众号做了定位后，并不能在一开始就能确定客户喜欢怎样的信息，所以每次推送信息后的第二天，一定要注意统计一下每一篇文章的浏览数、转载数，这样才能进一步了解客户喜欢怎样类型的文章。

四、营销技巧

时下，各大微信营销利器层出不穷，功能丰富。微信营销俨然成为了大多数经销商进行社会化营销的首要选择，也成为房地产企业推广品牌、实现线上销售，以及维护客户关系的又一利器。一般来说，房地产企业可参考图9-12所示的技巧来做好微信营销。

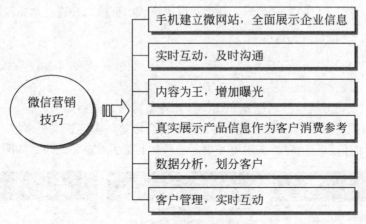

图9-12　微信营销技巧

1. 手机建立微网站，全面展示企业信息

房地产企业可将自己提供的服务信息分享到微信上，并在其微网站上自主发布房型报价、促销活动、最新动态等绝大部分涵盖客户需求的信息，并进行各种服务预约，比如预约看房，方便用户详细了解。如图9-13所示。

图9-13　手机微信截图

2. 实时互动，及时沟通

在微信上与粉丝直接互动交流，第一时间对客户的需求提问直接做出回应，实现与客户、潜在客户的及时沟通，从而获取用户预约订单，并进行数据挖掘和分析。

3. 内容为王，增加曝光

房地产企业在微信公众平台上应经常发布行业最新新闻和动态，如企业新闻、优惠促销、最新动态、业主活动、家居保养等内容。

同时，企业可就这些话题发布微博，并将微博内容显示在房产论坛、各大网站房产频道相关页面，增加曝光度，为企业的社会化营销内容带来更多展示机会。这些丰富详尽的信息对消费者来说更是决定是否马上购买的重要砝码。如图9-14所示。

图9-14 微信截图

4. 真实展示产品信息作为客户消费参考

除了在微信上经常发布更新房源资讯外，企业还应经常在微信上发布最新的项目进展信息，以及最新的客户购房信息，给客户以最真实的展示，无形中提升企业形象，增强潜在客户的信任度，刺激其消费。如图9-15所示。

5. 数据分析，划分客户

房地产企业为提交预约的客户建立客户档案，对客户档案进行管理，与客户实时互动，并可对客户进行精细划分，还可以导出EXCEL表格，方便企业二次加工和信息处理。

图9-15 微信截图

6. 客户管理,实时互动

房地产企业不仅可以在企业官方微信后台看到营销分析、粉丝分析、页面分析等数据,还可以对报价推广效果、企业新闻、预约服务等业务指标进行监控管理,为阶段性的网络推广决策提供有力支持。

五、微信营销活动策划

微信营销活动策划的重要性不言而喻,既可提高粉丝活跃度,又可以借活动提升营销转化率,通过搜集到的用户信息得以进一步针对性服务和营销。透过活动与用户高频次互动,加深用户对品牌的认知和了解,强化品牌忠诚度。

房地产企业在策划微信营销活动时,要注意图9-16所示的要点。

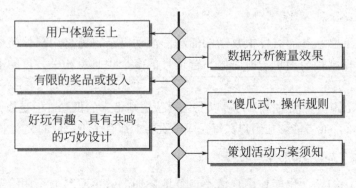

图9-16 微信营销活动策划的要点

1. 用户体验至上

在做营销活动设计时目的尽可能的明确而且单一，很多人喜欢在一个营销活动中融入多个营销目的。而每个目的都会增加用户的操作，最后用户反而觉得体验不好难度太大而放弃参与。

比如，有一个抽奖活动，活动方先让用户关注微信获得活动链接，然后点击登录，输入手机号码获得登录码，再凭登录码登录指定网站来抽奖。整个过程中，用户不仅要经过4步才能完成，而且要在手机与PC端进行切换。

如此设计的目的是为了既增加微信粉丝又给网站带来流量，但是双重的目的反而让这个活动流程变得相对复杂，让用户体验感变差。

2. 数据分析衡量效果

一个好的营销活动，其效果应该是可衡量的，比如你增加多少粉丝、带来多少流量、销售多少产品。如果效果不可衡量，就无法在进行中监测关键KPI来优化调整，比如此前提及的活动效果可以是粉丝增量，或者是网站流量，同时这个效果一定是与此前的目的相匹配的。

有时候容易衡量效果也并不一定是营销活动的目的，比如发布一条产品推荐的有奖转发活动，转发数是最容易跟踪的，但是它不应该成为这个活动的最终效果，而流量或者销量才是。

3. 有限的奖品或投入

营销人常常会说给我多少预算我也能做出像××那样效果的活动。如果达到同样的效果你花了1000万，别人只花了500万，这样的营销活动应该是不成功的。有限的奖品或投入在营销活动中应该被可控，一旦不可控，它会成为活动风险。

4. "傻瓜式"操作规则

大家都不愿意参加流程很复杂的活动，活动复杂也就是用户体验规则复杂的问题，当然规则是否简单，有时候与营销目的多少也息息相关，目的多了之后规则自然复杂。

在一定范围内奖品的吸引力可以弱化复杂规则带来的抵触，但是原则上规则要尽可能的简单，或者能够让用户在每完成一次要求都有个阶段性的奖励来刺激他。

5. 好玩有趣、具有共鸣的巧妙设计

有趣好玩的设计也能让用户情不自禁地参加，甚至有时候不用给奖励，因为

他在参与的时候已经获得了精神的奖励,他开心愉悦了。

如果企业的营销活动可以让消费者在参与的同时获得精神的奖励回馈,那他们就会大大忽略物质的奖励,从而减少企业营销投入。这就是为什么有些企业热衷于公益营销,就是抓住人人皆有责任和善心意识,人们都愿意做好事,做完后还会有愉悦感,从而扩大影响自发传播。

6.策划活动方案须知

房地产企业在策划微信营销活动方案时,要注意图9-17所示三个方面的事项。

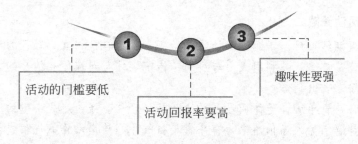

图9-17 策划活动方案须知

(1)活动的门槛要低。一般来说,根据自己的目标人群,门槛越低越好,活动面向的人群越初级越好。因为越是高级用户,用户群越少,而且高级用户对于活动的热衷度远不如初级用户。

另外,门槛低还包括活动规则的制定,规则应该是越简单越好。越是复杂的规则,参与的人越少,尤其是微信这种碎片时间使用比较多的沟通工具。

(2)活动回报率要高。活动一定要让粉丝受益,要让用户得到足够的好处,因为只有活动的回报率高、奖品丰厚,用户的积极性才能被调动起来。活动奖品可以是物质的,也可以是精神上的。为什么要求奖品回报率高,就是因为对于铺天盖地的活动,消费者早已司空见惯,对于奖品早已不动心,因此奖品要设置的有特色,有吸引力。

同时,还要注意提升奖品的中奖率。大奖虽好,但是中奖的人数少,众多的参与者都白忙了,打击了他们的积极性。因此在大奖有保障的基础上,尽量多设一些小奖,尽可能让更多的人拿到礼品。

(3)趣味性要强。活动的趣味性越强越好,只有活动好玩有趣,参与的人才会多,活动的气氛才能营造起来。如果活动足够有趣的话,甚至在没有奖品的情况下,大家都会积极参与进来。在这个全面娱乐的年代,娱乐才是大家上网的根本目的。

下面提供一份华润国际微信营销活动方案的范本,仅供参考。

范本：华润国际微信营销活动方案

一、活动背景

华润国际社区作为华润在三圣花乡的刚需楼盘，有地铁、学校、运动场的标准年轻人配套，三十几万元的总价，户型也尽如年轻人意，定位毫无疑问的是青年社区，客户群体很明显——二级城市来成都打拼的年轻人。这部分人正处于奋斗阶段，为了生活稳定急需在成都拥有一套属于自己的房子。所以在此次的营销中，精准定位于青年且喊出了奋斗青年的口号。

二、活动策略

春节假期结束后，华润国际社区开始一步步为自己树立起自己的形象代言人——小黄鸭嘎嘎，并利用线上与线下、传统媒体与新媒体相结合的方式进行互动式传播，吸引到访。

主打奋斗青年牌，整体调性开始活跃、年轻化。线上广告、邀约，线下则请到了成都著名男人李伯清来为奋斗青年打气，一连串动作一气呵成，华润国际社区售楼部人气持续火爆，而开盘热销两亿的成绩，自然也是水到渠成。

第一阶段：发出预告

出街广告设置悬念，"更FUN的国际社区等你回来"。目的有二：第一，让人期待，国际社区到底如何FUN？第二，对应的目标客群回家过年，自然而然将自己与回来两个字对应。

第二阶段：节后亮相

刚回来上班,大家都还没有进入状态,国际社区开始用嘎嘎"刷脸",全城释放小黄鸭嘎嘎,淡化产品销售信息,只喊出"新春第一波正能量：2015 let's fun,为奋斗青年喝彩"。网上也开始通过第三方平台造势,先抓住过年回来还在迷糊的青年的眼球。

基于项目潜在客户的区域分布考虑,所以广告媒介较为精准,投放了目标客群最为集中的城东与城南的公交站台和地铁。在市中心年轻人逛街密集的地方也有户外大牌,而且设计抢眼。

第三阶段：推产品,渠道开始集中发力

通过每周抽奖等福利吸引到访,同时筹备举办李伯清见面活动,线上通过网络媒体、自媒体、网页游戏为落地活动蓄客,并且以奖品吸引到访,宣传造势,而线下通过行销人员扫街拓客。

华润国际社区正式亮相后,就要开始推动产品fun house的销售,除了上述公交站台与地铁的渠道之外,社区的文化墙、搜房广告、QQ广点通、区域内桁架风暴都一起上,带有嘎嘎的画面开始往项目销售信息靠拢,项目价值点、价格等信息出街。

（1）线上推广。网络媒体方面,首先通过第三方平台放出李伯清的门票、四张电影票、iPhone抽奖等信息（放福利吸引客户）,再配合李伯清官方微信、微博召集李伯清的粉丝,最后华润国际社区的官方微信也一直进行活动宣传。

（2）网页游戏的病毒式推广。网络媒体的收口是一个网页游戏,每个客户通关游戏需要邀请五个朋友为自己的小黄鸭嘎嘎打气,打满气后才能获得李伯清见面会门票以及四张电影票。

邀请朋友打气的设定保证了一个客户参与游戏,至少能让其他五个知道华润国际社区以及正在举行的活动,从而达到病毒式传播的效果,塑造嘎嘎形象。据统计,通过网页报名而到案场的客户超过800组。

（3）线下行销推广。要做成一个全城事件,并且塑造嘎嘎的形象,线下的拓客也是必不可少,华润国际社区准备了十万只小黄鸭玩具,行销人员全城派发,而小黄鸭上则印有国际社区官微的二维码,扫码就能得到入场门票以及四张电影票，拓客的同时也为线上粉丝积攒做出贡献。

作为成都地铁二号线上的楼盘，行销的活动地点当然也是有讲究的，想要抓住本楼盘的客群，二号线就是一个很好的根据，所以行销的分布就是在二号线的地铁站，以及春熙路、香槟广场等二号线周边的地标。

第四阶段：利用前期积攒人气，再次推动销售

落地活动，经过大半个月的推广，线上线下的配合操作，活动现场的人气很旺，售楼部后面的小广场几乎已经装不下，很多客户都是站着看完整场表演。据统计，活动当天到访的客户达到了900多组。而售楼部只要有到场，置业顾问们的销售转化自然也不是问题，热销两亿，在这样的市场情况下，也就不是一件难以置信的事情。

三、全程推广总结

互联网时代，线上线下相结合才是王道。

单纯的线下无人问津，单纯的线上根本就是自娱自乐，只有线上导流、线下转化才是正确的姿势。房地产已经过了黄金时代，现在早不是坐着抽烟就能让售楼部排长队的年代了，新时代的人都要性格。

作为一个楼盘，它也应该有性格。有性格的楼盘，能让客户对楼盘感到更加亲切，楼盘是卖房子，房子是要作为一个家的，如果冷冰冰的，愿意买单的恐怕不多。当然，房子的品质本身也同样重要，有了品质，找准定位，有真心为客户的想法，房子就不难卖。

第十章 房地产 O2O 营销

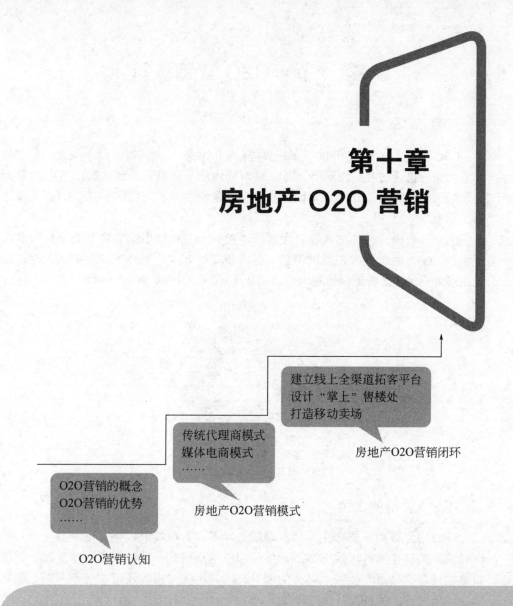

如今，互联网已经在房地产融资、采购、设计开发、营销及售后服务环节产生深刻影响。其中，结合互联网在无时间空间限制、及时快速、低成本等方面优势，房地产营销可以变得更为多元、便捷、低成本和高效，呈现出多种多样的线上线下结合的 O2O 营销方式。

第一节 O2O 营销认知

一、O2O 的概念

O2O 即 Online TO Offline（在线离线/线上到线下），其概念源于美国，是指将线下的商务机会与互联网结合，让互联网成为线下交易的平台。2013年O2O开始进入高速发展阶段，开始了本地化及移动设备的整合和完善，于是O2O商业模式应运而生。

O2O 营销模式又称离线商务模式，是指线上营销线上购买带动线下经营和线下消费。O2O通过打折、提供信息、服务预订等方式，把线下商店的消息推送给互联网用户，从而将他们转换为自己的线下客户。具体如图10-1所示。

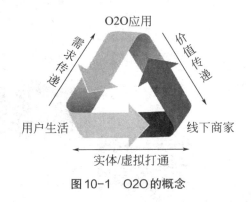

图 10-1 O2O 的概念

二、O2O 营销的优势

O2O 的优势在于能够完美地打通线上线下，实现线上线下多场景互动，加上O2O成熟的操作运营模式丰富了具体的应用场景模式，让消费者在享受线上优惠价格的同时，又可享受线下贴身的服务。同时，O2O模式还可实现不同商家的联盟。具体来说，O2O营销模式具有图10-2所示的优势。

三、房地产与O2O

对于很多消费者来说，购房是一件大事，但同时也是一件繁琐的事情，耗费购房者大量的时间、精力。最无奈的是，很多用户在选房时不知道要选择哪儿的房子，整个行业存在太多的信息不对称问题，正是这个信息不对称问题导致了很多消费者购买了自己并不满意的房子。

| 优势一 | 拉近与消费者之间的距离,加强影响力,促进消费 |

| 优势二 | 占领桌面,提高客户忠诚度,使消费者随身携带商场(超市),随时随地浏览,增加消费者购买机会 |

| 优势三 | 新品信息、促销信息第一时间推送到客户手中,精准营销,占领先机 |

| 优势四 | 方便集成地理位置系统,线上线下联动;可拓展多种支付接口,增加成交机会 |

| 优势五 | 可设置电子会员卡及APP积分体系,对消费者吸引力更强;碎片时间购物,更方便,且没有运费,省心省力 |

| 优势六 | 消费者线上下单,线下门店集中配送,成本更低。同时支持门店自提和送货入户双重体验,且更安全 |

图10-2　O2O营销的优势

而对于开发商来说,传统的房产销售模式也存在很大的缺陷。如果没有大量的广告宣传,售楼处几乎很难有什么自然客源来访,开发商的卖房成本也随之越来越高,而传统的中介模式,通过线下门店的成交量也在开始逐渐减少。无论是一手房代理商还是二手房中介,他们都面临着一个共同的难题,房子越来越难卖,可是很多消费者却苦于找不到合适的房子。

除此之外,销售价格不透明、购房售后无保障,也是不断暴露出来的问题。正是因为传统房产销售中存在如此多的痛点,在互联网+的大形势下,各种房产O2O的新型交易模式开始兴起。

1. 房地产为什么选择O2O

由于互联网相对于传统媒介,其传播资讯信息的范围更广、内容更全面、方式更多样、更新更迅速、互动更及时,因此,消费者在了解信息的渠道上逐渐从传统媒介转向互联网,即便在房地产领域也是如此。

这也就是说,房地产企业必须学习如何通过互联网寻找客户资源,而从线上到线下的O2O模式就必然成为房地产"触网"的优先选择。

2. O2O能为消费者带来什么

既然房地产选择O2O模式是为了寻找客户资源,那么O2O能为消费者提供什么,或者说消费者想从O2O中获得什么呢？ O2O带给消费者的好处具体如图10-3所示。

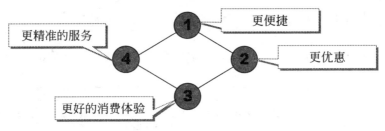

图 10-3 O2O 带给消费者的好处

图 10-3 所示说明：

（1）更便捷。O2O 模式能够减少交易的中间环节，为消费者提供更便捷的服务。

（2）更优惠。网络可以将海量的商品汇聚到一起，想要脱颖而出就必须提供性价比高的商品或服务，消费者通过 O2O 也是想获得更多的优惠。

（3）更好的消费体验。互联网时代，品牌的传播速度是极快的；尤其是社交媒体兴起后，普通消费者也有足够通畅的渠道发出声音，从而形成足以左右市场的影响力。在这种情形下，消费者可以通过网络寻找具备更好用户体验的商家。

（4）更精准的服务。商家可以通过数据分析，对消费者的行为模式进行分析，从而提供更精准、适用于不同消费者需求的产品和服务。

四、房地产 O2O 营销

进入白银时代的房地产行业面临新的环境，由过去的卖方市场转变为买房市场，而土地成本不断攀升，利润空间持续压缩，销售去化也不如过去容易，客观上要求房企强化营销。

1. 房地产传统营销的劣势

传统的房地产营销大多通过广告、活动等方式影响受众，促进潜在购房客户主动上门了解楼盘信息，案场的置业顾问再对意向客户和准客户进行跟踪推进，进而促进成交。这是一种用尽各种渠道战、资源战、人海战的广撒网、漏斗式的传播和拓客方式。在新的形势下，传统营销的表现越来越不尽如人意，具体如图 10-4 所示。

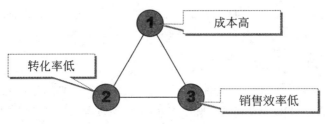

图 10-4 传统营销的劣势

（1）成本高。传统营销的成本越来越高，营销的中间环节过多，代理层次太多，广告、宣传推广公司以及电商都拉高了营销成本。中间商与第三方互联网及移动互联网平台（如房产电商）合作推广营销，房企难以自己掌握客户数据，客户营销维护成本越来越高。

（2）转化率低。由于营销推广目标的不精确，以及无针对性的营销活动（如现场送礼等活动），不是使得客户到访率低，就是目标客户群的到访转化率低。

（3）销售效率低。在传统销售模式下，等客上门，一旦媒体失效，大量的媒体广告无法带来足够的客户，使得客户获取成本居高不下，综合来看，营销费用普遍占比达到2%～3%，费效比不高。在营销推广的投入过多，也使得经纪人佣金比例低，激励有限，再次降低了销售效率。

2. 房地产O2O营销的优势

恰逢互联网时代，越来越多的房企纷纷试水O2O营销，例如乐居电商、万科做全民营销、实惠跨界助力房企营销、京东房产众筹等。

所谓房地产O2O营销，即通过线上互联网（或移动互联网）在巨大流量、信息传播及时、不受时间空间限制、成本低廉等方面优势，基于资讯网站、社交网络、电商平台等方式，结合店面、案场、现场活动等线下资源，而进行的线上线下相结合的营销方式。

房企纷纷跟进O2O营销，能带来一定的优势，具体如图10-5所示。

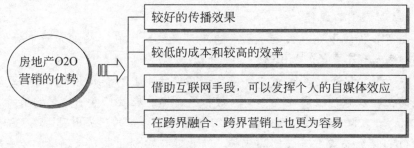

图10-5　房地产O2O营销的优势

O2O模式能否玩转房地产行业

在互联网+浪潮下，房产O2O概念兴起，从2014年开始行业内涌现了一批试水者，他们将互联网思维融入房产经纪领域，利用互联网工具和大数据技术改造交易流程，采用"线上匹配+线下服务"的模式，自建经纪人团队，打造了一套有别于传统经纪公司的交易场景。

然而，业内对O2O模式到底能不能玩转房地产行业一直争论不休。实际上，在不同的细分市场，O2O模式房产中介服务也呈现出不同的发展状况。

加码线下服务开门店

2016年6月10日，"丁丁租房"正式宣布停止运营，其业务全面并回链家租房。除了丁丁租房，快有家也停止运营。

事实上，互联网中介线下大开门店，已经引起了业内的关注。在广州市场，以O2O模式起家的多个互联网中介公司，把线下门店开得越来越多。

"很明显，中介电商拓客的成本是不能覆盖其佣金成本的，房产交易客户本来就是低频客户，电商的成本很高，只能用高佣金来抵消。到最后，也只能重走开门店、提高佣金的商业模式。"有业内人士表示，中介电商本质上还是中介，中介公司的模式是逃脱不出低频次交易、大量无效客户，且成本极高的困境，中介电商的成本结构和传统中介区别不大，只是多了个APP。

房产互联网电商原本是作为一种创新登上市场，而如今又渐渐回到传统房产中介开门店、提佣金这条老路上，不得不说这是一个令人尴尬和困惑的地方。

细分市场另辟蹊径

电商和传统中介在住宅市场争得不可开交，但在一些细分的市场领域，O2O模式找到了自己的新出路。

据了解，好租的互联网办公项目于2015年4月开始立项孵化，到2016年11月为止，房源已经突破50万套，好租的目标是在2017年将市场占有率提高至20%。在互联网办公的细分市场，目前还没有真正的巨头出现，这个细分市场对O2O模式而言有着天然的优势。随着近几年创业潮发展迅猛，以中小微企业为代表的创业公司扩张很快，也因此带来了大量的"换场"需求；而创业公司有很大一部分是从事互联网和金融行业的，这些客户在使用习惯上就将互联网作为第一选择，对O2O模式的接受度很高，这部分客户与好租的互联网办公市场重合度相当高，占比约在三至四成，是最核心的客户。

O2O模式也有自己的"痛点"

互联网中介的出现，直击的是传统中介佣金高、信息不透明等痛点，然而，O2O模式也有自己的"痛点"：信息筛选不理想、线上离不开线下、门店少对社区覆盖不强等。

针对虚假房源问题，O2O 模式的解决之路与传统中介如出一辙：建立楼盘责任制，每天由销售复盘核实再上架，并有内部的监督团队和针对虚假房源的惩罚制度。O2O 模式主要是发挥线上优势，通过智能选址云系统，精确匹配房源端和用户端，大大缩短选址时间，排除线下议价，为用户节省时间和投入的成本，这也受到了创业初期资金不充裕的创客群体欢迎。

第二节 房地产 O2O 营销模式

传统的房产销售模式已经越来越不能适应买卖双方的需求，与互联网相结合的新型 O2O 交易模式正在不断涌现出来。

一、传统代理商模式

传统代理商模式的代表有链家地产、中原地产。图 10-6 为链家地产网页截图。

图 10-6　链家地产网页截图

互联网的快速兴起，让链家地产、中原地产等传统的房产代理商也看到了新房交易市场未来的走向，与互联网结合是大势所趋，他们纷纷开始自己搭建互联网交易平台。传统代理商走 O2O 模式具有图 10-7 所示的优势。

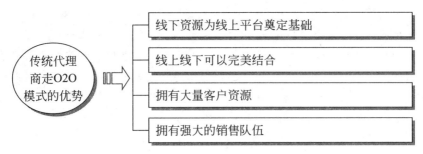

图 10-7 传统代理商走 O2O 模式的优势

1. 线下资源为线上平台奠定基础

对于链家、中原地产来说,多年以来在线下的代理销售,让他们积累了大量的开发商房源,这对于他们打造一个强大的线上房产交易平台打下了坚实的基础。

2. 线上线下可以完美结合

链家、中原等传统的房产代理商,他们的产业链覆盖到新房、二手房交易以及租房等系列业务,在全国都拥有众多的连锁分店。线下分店对于他们打造线上平台有个好处,就是能很好地线上线下结合,线下店面能够为线上导流,同时客户如果在线上有什么不明白的地方可以直接到线下分店去咨询。

3. 拥有大量客户资源

不管是链家还是中原地产,他们都拥有庞大的客户资源信息库,积累的大量客户信息资源都有可能成为他们线上平台的回头客。同时他们在线下多年的运作也积累了一定的品牌优势,很多客户买新房往往对于代理商的实力也会多方权衡,担心房子交易不安全等。

4. 拥有强大的销售队伍

其实对于新房交易来说,还有一个非常重要的关键因素:就是销售队伍的建设。很多开发商之所以选择代理商代理,就是看中了代理商在销售队伍上的优势。房产销售是个人员波动性非常大的行业,而链家、中原等传统的大型房产代理商,在人才培训上都已经形成了一套自有的激励机制,拥有一支强大的销售生力军。

> **小案例**
>
> 作为存量房屋市场的"独角兽"企业,链家在2017年三个月的时间内,接连引入融创、万科这两家位列开发企业TOP10的房地产龙头公司作为股东。2017年4月19日,万科向媒体确认,万科与链家集团已签订增资协议,各方同

意万科将通过增资,以30亿元的价格获得链家集团股权。

相比其他房地产中介机构,链家有以下三大优势:

一是链家是最大的中介企业,在楼市交易量TOP30的城市中,链家已布局28个,代理房产交易额突破1万亿元。二手房交易量最大的京沪深,链家市场占有率排第一。

二是拥有中国最大的房源数据库(7000万套),从2009年开始,按照客户、房屋、楼盘、外部环境(如与地铁距离)等维度和字段,搭建后台"楼盘字典"数据库。

三是基于线上数据库与线下8000家门店、13万名经纪人的高效结合,形成O2O的闭环,以"人-房-交易"的多维度大数据支撑,力求完成"客户-房源"的匹配。

万科和融创看重链家,事实上是在为争夺楼市存量时代市场地位而提前布局。

二、媒体电商模式

媒体电商模式的代表有搜房网、乐居(见图10-8)。

图10-8 乐居网网页截图

说到整个新房O2O市场,目前搜房网占据了整个市场相当部分的市场份额。当然乐居背后拥有易居中国、腾讯两大股东,同时也是新浪、百度运营旗下的房产频道,实力也是非同小可。他们都在从过去传统的广告信息媒体转型到集合媒体、新房、二手房、装修、房产金融等为一体的互联网房产电商媒体生态平台。

媒体电商走O2O模式具有图10-9所示的优势。

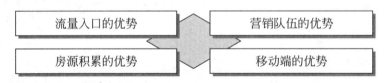

图10-9 媒体电商走O2O模式的优势

1. 流量入口的优势

首先,作为媒体出身的搜房网、乐居,依靠为用户提供强大的房产资讯信息,让他们在房地产这个流量入口上打造了绝对的优势。有了流量,也就有了线上庞大的客户信息源,正是这个庞大的客户信息源帮着他们一天天发展壮大。

2. 房源积累的优势

在蜕变之前,搜房网、乐居都志在为全国各地的楼盘提供线上信息展示服务,也正是因为这个服务,让搜房网、乐居与各大地产开发商搭建了友好的桥梁,为今天他们打造强大的新房交易平台打下了基础。

比如搜房网,除了入股国内第一大代理行世联行和第三大代理行合富辉煌获取开发商房源之外,也凭借着自己与开发商的关系建立,从很多开发商直接拿到了代理权,完成了线上一手房源的积累。

3. 营销队伍的优势

从整个线下交易来说,与过去只是为其他楼盘的代理商带客不同,如今搜房网也打造了一支自有的强大营销队伍,完成了从线上到线下的有利结合。直接拿到代理权,搜房网就可以把新房销售的价格压低,给予购房者更多的折扣,同时依靠房产金融、装修等附加服务来实现更多的盈利。而乐居也正在努力把自身打造成一个完整的房产方案服务商。

4. 移动端的优势

智能设备的便携性使得购房人能够随时随地查看房源信息,碎片化时间得以利用,购房人可以对心意房源进行初步筛选,提高找房的效率;同时移动端基于LBS搜索附近房源,能帮助购房者省时省力实现区域找房。搜房网、乐居在移动端的优势也将帮助他们的O2O之路走得更加顺畅。

乐居依托互联网平台打造O2O解决方案

作为领先的房地产O2O整合服务平台，乐居服务于新房、二手房和家居三大领域，为房地产全业态提供先进的O2O营销服务体系。

事实上，整个房地产营销，特别是新房营销基本是分成"5+1"环节，推广、渠道、看房、客户锁定、交易，再加上金融平台，这是任何一个项目的营销都不可或缺的。

在这五个环节当中，乐居做了大量的微创，也做了大量的平台和服务的建设。在推广方面，通过与微博、微信的合作，乐居成为在房地产行业当中移动互联网布局最全的一家企业，并能够满足从片断的推广到阵地的推广到深度的推广，形成完整的市场链条。在看房、客户锁定方面，2015年乐居推出了91乐居卡、码上专车平台，把看房服务环节做到极致。在渠道方面，乐居有阳光一二手联动平台。

乐居的金融服务，也做了很多的创新，比如说营销式的金融众筹平台，通过一套房子的众筹，构建一件营销事件，线上线下两次营销事件，从而把客户的需求摸清楚，做到有效地蓄客。比如说锁客新的工具——买房宝2.0，不仅帮助大家锁定初次客户的意向，还可以在客户当中进行第二次锁定。

乐居通过依托互联网平台，把"互联网+"的理念、技术、服务，植入到每一个环节当中去，从而形成完整的O2O解决方案。

三、大众点评模式

房产大众点评模式的代表有买哪儿网。如图10-10所示。

从南京起家的房产大众点评——买哪儿网，受到资本市场的热捧，已于2016年12月完成近千万元Pre-A轮融资。买哪儿此前曾经历过一次转型，创始人史刚在开始时将平台定位为购房者的服务平台，但由于国内市场长时间处于卖方市场的局限性，难以实现向买方收费的盈利模式。

后来，他发现在房地产的开发项目中，开发商往往会对每个项目最后所剩的尾盘（即库存量）作打折处理，而这些分散的尾盘会涉及高昂的营销成本，史刚认为其中存在着很大的发展机会。

因此，2016年8月，买哪儿正式转型地产尾盘售卖平台，平台将优质尾盘集中起来操作，具体如图10-11所示。

图10-10 买哪儿网网络截图

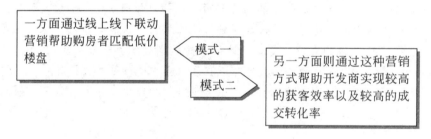

图10-11 买哪儿平台运作模式

买哪儿主要通过与开发商合作的模式盈利,首先帮助开发商解决尾盘销售的问题,其次则是销售限时特卖房源。

目前,买哪儿已布局了南京和盐城两个城市,总共拥有近万套房源,单月销售额已过亿。由于二三线城市的房源库存量远大于一线城市,因此2017年将继续以二三线城市为切入口,进一步开拓5~7个城市,将带领买哪儿实现单月销售额突破5亿的目标。

买哪儿未来将往具备人房匹配功能的房地产大数据平台和具有较强金融属性的平台上发力,而尾盘的金融化将是买哪儿发展的主要方向,未来的买哪儿将会打造成一个不动产特卖平台。

四、经纪公司平台模式

经纪公司平台模式的主要代表有房多多、吉屋科技,如图10-12所示。

图 10-12　房多多网页截图

与搜房网、链家地产等自主销售不同,以房多多、吉屋科技为代表的经纪公司平台模式近来获得了长足的发展,他们志在与传统营销代理行业一起拥抱互联网,帮助他们全面转型互联网。

房地产经纪公司走 O2O 模式的优势如图 10-13 所示。

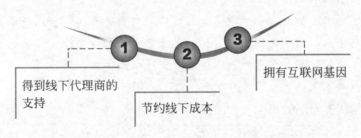

图 10-13　房地产经纪公司走 O2O 模式的优势

1. 得到线下代理商的支持

房多多、吉屋科技所推出的这种模式得到了所有线下传统代理商的一致支持,目前很多房产平台之所以进展速度上缓慢了下来,就是因为受到了代理商的抵制。房多多、吉屋科技的这种模式则能够让他们在短时间内迅速发展壮大,尤其是在开发商的楼盘资源积累上,通过借助传统线下代理商的力量,他们能够在很短的时间里得到大量的一手楼盘资源。

2. 节约线下成本

这种无需自己搭建线下团队,也无需直接对接开发商的模式,很好地为自己节约了线下门店以及人力成本。他们只需要搭建好平台，同时借助代理商的经纪人队伍，迅速展开市场的扩张，这一点从房多多的扩张速度就能窥见一斑。

3. 拥有互联网基因

房多多和吉屋科技这两个平台在天使阶段都获得了腾讯联合创始人曾李青先生的投资，同时这两家公司的管理团队和技术团队都主要来自阿里巴巴和腾讯公司，从互联网基因的角度来看，这也是这两家平台的优势所在。

相关链接

"三个成倍"助力房多多O2O落地

资深品牌营销专家、锦坤创始人石章强说："成倍利用闲置资源，成倍提升市场效率，成倍增强消费体验"，O2O才能真正落地化。

房多多是国内首家移动互联网房产交易平台，秉承"让买房、卖房更爽"的使命，致力于为开发商、经纪公司、买房、卖房者搭建高效、可信赖的房地产营销服务平台。荣获"2015全球最具影响力O2O应用"奖，房多多成功践行地产O2O模式。

1. 成倍增强消费体验

房多多重新定义新房和二手房交易流程，重新培育行业生态结构。将平台打造成信息平台，颠覆传统中介机构信息分散、客源和房源不匹配的状况。拓宽房源销售市场，购房者房源获取渠道，建成交易平台。房东自主挂盘，地推团队上门验真，帮助房东做房源分类信息，成倍释放消费者体验。

2. 成倍提升市场效率

2015年房多多"一键直约"功能上线，买家可以直接联系到业主，买卖双方可在没有经纪人的场景下完成交易。房多多全程提供专属顾问咨询，涉及产权、房产金融、法律等问题，提醒、跟进和确认买卖双方情况，确保交易双方及时有效连接，经纪人成为服务者角色，交易主动性交还给买卖双方，市场效率成倍提升。

3. 成倍利用闲置资源

房多多专注于交易流程，实现正对各方需求的微创新，释放闲置资源，满足各方需求。在此基础上实现交易闭环，发展基于地产交易的金融平台，实现信任建立，是O2O+时代企业发展的重要路径。

五、房产金融平台模式

房产金融平台模式的主要代表有平安好房。如图10-14所示。

图10-14　平安好房网页截图

说到平安好房，他们正在试图通过房产金融来打造一个新型的房产交易平台，通过推出"好房宝"这类宝宝理财产品达到蓄客的目的。同时，平安好房已与万科、绿地、万通等数十家房地产企业，共同发起并成立中国房地产众筹联盟。该联盟由房地产、金融、互联网等行业龙头企业组成，旨在以众筹模式改造房地产，从零构建众筹地产模式与生态。

1. 推出好房宝积累客户

平安好房推出好房宝，这是一款跟货币基金挂钩的理财产品，购房人将资金存入好房宝，除了能够获得货币基金收益外，在一定时间内通过平安好房认购新房可以获得额外的房积金收益。这种方式既为平安好房自己积累了大量的买房潜在客户，同时还能让自己在房产金融上获得更大的发展。

2. 推出地产众筹带动楼盘销售

平安好房所推出的地产众筹让买房者实际上成为了微开发商，真正参与到地产开发当中来，更容易带动楼盘的销售。从开发商的角度来看，解决了他们的资金需求；而从购房者的角度来看，参与地产众筹的朋友定然会把相关楼盘推荐给自己的朋友来购买，这种通过众筹作为媒介的模式很好地搭建了楼盘与购房者之间的关系桥梁。

3. 与地产商直接合作省去中介代理费

平安好房从一开始推出的那天起就志在打造一个去中介化的房产交易平台，这种模式在业内引起了不小的轰动。平安好房凭借着自身强大的资金实力和品牌影响力，让其跨过中介与各大地产商达成直接合作，在中介代理费用上为客户省了一笔。

平安好房构建房产O2O闭环

2016年6月30日，平安好房举办首届网上房展会。据相关数据统计，本次网上房展会活动的总曝光量达到2.8亿，活动网站的访问量超过百万人次。持续20余天的房产交易展会，竟然全程是以互联网为平台进行的。

交易背后，是平安好房与各大开发商的密切合作。据悉，平安集团又与众多知名地产品牌建立了合作关系，甚至是绿地集团、蓝光地产、碧桂园等地产品牌的大股东。此外，平安集团多年来积累了数以亿计的实名注册客户，这些客户恰恰是最有购买力的潜在购房客户。在既有海量房源也有充足用户的情况下，平安好房搭建出一个连接线上线下的服务平台。用户在平安好房看到有意向购买的房源之后，可点击一键看房服务输入个人联系信息，平安好房会尽快安排各种主题看房团，或者由专门的销售经理进行服务，完成从线上选房到线下看房的衔接。

值得一提的是，平安好房推出的"好房宝"、"按揭贷"等金融服务产品，也为平台用户顺利购房提供了便利。"互联网+房地产+金融"的模式更像是一个打通线上和线下的一个房产交易O2O闭环，在这个O2O闭环中，平安好房既是一个连接平台，也是一个金融服务平台。

六、全民经纪人模式

全民经纪人模式的主要代表有好屋中国、尚房网。图10-15为好屋中国的网页截图。

传统的房地产圈内，不同的开发商、经纪公司和代理公司各自为政，信息链不流通，竞争不透明，导致了经纪人之间的无序恶性竞争，于是以好屋中国、尚房网等为代表的全民经纪人模式开始流行起来。其原因如图10-16所示。

图10-15　好屋中国的网页截图

图10-16　全民经纪人模式流行的原因

1. 得到经纪人的大力支持

好屋中国、尚房网的这种全民经纪人模式将得到经纪人的大力支持,尤其是那些通过房产销售作为一份兼职的朋友。过去经纪人卖房子的佣金很大一部分都被代理商所扣掉,而今这种全民经纪人模式,佣金大战也就无形之中消失,每一个经纪人都会卖命地推荐平台上的房源给自己的客户,平台的影响力也就无形之中扩大了。

2. 能加快平台卖房的速度

好屋中国、尚房网既推出了专业经纪人,同时也推出社会经纪人合作模式,社会经纪人只需要带着自己的朋友或者亲人到合作的楼盘成交房子就能获得一笔丰厚的佣金,这种发动社会经纪人的方式将会大大加快平台卖房的速度。

好屋中国线上线下构建O2O闭环

房产交易的特殊性，即很多消费者一辈子可能只买卖一次房子。因此购房者会对中介房产平台进行选择，其房产平台上的房源和房产经纪人的数量和质量就成为决定消费者购买的重要筹码。而且传统的房产销售模式已经越来越不能适应买卖双方的需求，与互联网相结合的新型O2O交易模式正在受到消费者欢迎。在这种形势下，好屋中国推出了平台的O2O闭环，推出了一系列的产品：全媒体直投、抢钱宝、助理宝、抢客宝、好屋合伙人和销客等。

1. 线上营销

在线上的营销体系中，用户可以通过好屋中国的线上APP端和PC端获取房源的信息情况。接下来好屋中国通过数据搜索和整合反馈给开发商，提升房源的质量。其中，利用全媒体直投能够搜集用户在互联网引擎的数据，收集来的用户数据反馈给开发商来对房源进行调整，并针对性地对用户进行营销。

2. 线下营销

在线下的营销体系中，线下的经纪人会对用户进行线下的对接服务。通过平台上的经纪人对接，用户将房源信息发布出去后即可进行房屋的代看环节，好屋中国还通过和金融机构合作满足用户一系列的金融需求，从而促成一系列的房屋交易步骤。这个服务过程中，经纪人作为重要的资源，服务质量关乎到用户的体验过程。

目前，好屋中国平台上的经纪人分为两类：专业的经纪人和社会经纪人合作模式。社会经纪人只需要带着朋友或者亲人到合作的楼盘成交房子就能获得佣金。对专业经纪人采用高额分享制度来提升经纪人的积极性和服务质量。

第三节 房地产O2O营销闭环

移动互联网时代，房地产营销必须打通线上与线下：将媒体、全民营销等多渠道整合为线上平台，实现客户开源；开辟线上直销网店，尝试特价房秒杀。因为房地产的特殊性，到线上购房的客户必然会到案场实地看房，会为实体店带来更多来电来访，同时案场访客也可以被牵引至网上更高效成交，这就形成了线上线下互动的流量闭环。

一、建立线上全渠道拓客平台

地产营销移动互联网模式下渠道管理模式是全渠道整合，除了传统代理，更多要整合媒体、全民营销以及圈层拓客，统一平台化管理。

1. 建立自媒体全民营销平台

全民营销的出发点就是信任关系，两大目标是促成交和促传播，始终贯穿着图10-17所示的主线。

图10-17　全民营销的主线

为此，房企可通过自媒体、自电商、自社群等方式建立全民营销平台，从展示到成交形成一个完整的闭环，带客量与成交量一目了然，根据"经纪人"的带客成交情况支付佣金，将花在传统媒介上的效果并不明显的广告费用，让利给客户及真正带来流量和成交的社会经纪人，实现全民经纪人和中介机构的统一管理。

2. 线上线下一体化拓客

首先，策划经理线上分配任务，外拓人员通过线上领取任务。

其次，客户通过扫描二维码关注企业微信并注册，可以实时拓展客户信息，策划经理由此实时掌握全城各地点拓客完成情况，并实现对销售人员的透明化管理，分析不同团队、不同地点、不同活动任务达成率。

最后，可进行外拓活动费效分析，大型活动客户现场扫码关注后成为粉丝，也获得相应礼品，所有活动都线上线下一体化完成。

3. 微信引爆，把线下活动搬到了线上

为符合新群体信息接收习惯，达到病毒式传播效果，房企要注重社交营销，做好图10-18所示的三件事。

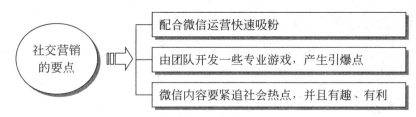

图 10-18 社交营销的要点

过去房企为了宣传会举行大量的线下活动,但是活动成本过高,客户容易流失,转化效果不佳。但是通过互联网,如通过扫描微信二维码,企业就可以将潜在客户黏住,并在后续进行精确的信息传递,这样就把线下参加活动的搬到了线上来了,最终形成一个闭环,对接的效率更高。

二、设计"掌上"售楼处

过去,只有白天售楼处开了,潜在客户才能够去看房。但是现在,晚上7点到10点是上网的高峰期,如果房企将楼盘展示、预约信息等放在网上,客户通过手机就可以查看、购买,企业就可以抢占潜在客户的眼球和时间,以十分高效的方式争取客户。

实际操作中可参考以下做法。

1. 开发"微楼书",直接在线预约看房

房企可以自定义掌上售楼处的内容和风格设置,比如明源云客的微楼书,增加360°户型展示功能,直观呈现项目情况,客户在手机上就能了解项目及户型情况,看中意向房源可以在线预约看房。

通过微楼书获得意向客户后,可以在线预约置业顾问及预约现场到访时间,形成线上线下的闭环。与此同时,房企还可以与滴滴打车等合作,针对到访客户提供专车优惠券,提升客户到访率。

2. 建移动旗舰店,搞特价秒杀

过去卖房子,客户跑到楼盘,首先不清楚楼盘有多少套房子可以卖,需要和置业顾问多次沟通才能明确什么样的房源最适合;其次,价格也是多轮的谈判,最后到成交,整个效率非常低。房企如果采用网上直销模式,类似超市明码标价,把真房号、真房价透露出来,不仅可以为项目案场带来流量,也体现出一种自信,从本质上提升竞争优势,促进客户转化。

具体来说,房企可以建立自己的移动旗舰店,一是可以在线选房,并且线上支付,通过房源变化获得极佳的在线逼定效果;二是可以开展秒杀活动,开发商可拿出具体房源限时开展秒杀。

> **小案例**
>
> 2015年五一期间的首届"微信购房节"上,招商、金地、中信等18家房企提供单套最高88万元优惠、7.2折特价房源,意向购房者通过微信公众号的活动页面,缴纳2999元即可参与特惠房源秒杀、中信地产在3天内卖出了103套,秒杀成交超过1亿元,可见这种方式确实能给购房者和房企带来双赢。

3. 在线认筹锁定客户,带动朋友购房

房企通过网上直销平台,可以通过创新手段提前锁定意向客户,如果客户在指定时间认筹,那么认筹金完成支付即可获得购房优惠,同时可以获取理财收益,直至案场选房,完成交易。客户通过认筹入会,根据认筹时间先后,每天都有固定累积优惠,累至开盘日自动统计总优惠额,精准锁定客户,防止被其他案场分流。

客户在完成认筹、认购、签约等动作后,自动转为经纪人身份,通过微信分享,带动身边朋友购房,发挥信用背书作用,并且客户也获得成交奖励。

> **营销指南** ▶▶▶
>
> 房企自建电商平台是一种必然趋势,但前期对于客户量和运营能力要求较高,与第三方平台合作也是一种选择。

三、打造移动案场

房企移动互联网营销创新上半场首要更多关注的是流量,是能不能带来更多客户,但随着工具手段的普及,这块的差异将越来越小。下半场拼的将是转化效率,精耕细作地挖掘每一个客户身上的潜在价值,提高成交转化率是新形势下的营销诉求。

据调查,在同一家房地产企业,促成一位看房客签约的成本大概只有新拓客户成本的50%左右,而移动销售帮助开发商高效收割客户,让案场管理变得更简单。

1. 置业顾问——扔掉小本子,提高跟客效率

移动技术的广泛应用,真正让置业顾问彻底告别了自己的手工小本本,适时提示自己所有客户的跟进情况以及待跟进的具体事项,极大提升了自己的跟客能力,提升了客户的转化效率。具体而言,主要通过图10-19所示的四大手段来实现。

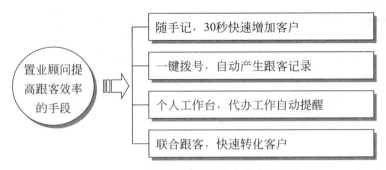

图 10-19　置业顾问提高跟客效率的手段

在移动案场模式下,客户可以给出自己的需求和具体指标,悬赏或者招标合适的房源,置业顾问能够帮其"定制"寻找合适房源,针对性更强;同时,置业顾问的每一次服务的质量都会被记录在案,金牌顾问用成果说话,既有利于个人成长,对客户来说还可以增加信任度,这两种效应的叠加,都有助于置业顾问提升跟客效率,提高转化率。

2. 销售经理——用手机管理业绩、团队和客户

对于销售经理来说,用手机可以随时掌握实时业绩数据,了解案场的整体流量、跟进、转化的所有信息,并可以根据需要调整营销方案及客户跟进策略,将最优质的客户资源分配给最有战斗力的销售员,提高案场转化率。具体而言,销售经理提高案场转化率要做到图 10-20 所示的五点。

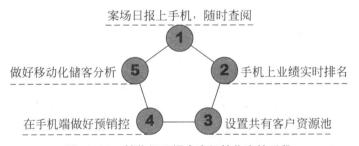

图 10-20　销售经理提高案场转化率的手段

图 10-20 所示说明:

(1)移动互联时代,要彻底告别"黑板报"和"夜总会"。销售经理需随时掌握当天、当周、当月的业绩数据,而不是等待工作人员深更半夜的短信汇报。

(2)把最优质的客户资源分配给最有战斗力的销售员,是提高案场转化率的重要手段。业绩好的团队和个人能够获得现金、假期、客户资源的奖励,业绩排名靠后的团队和个人就要被兼并或者淘汰。

(3)设置共有客户资源池,让大家都可以来抢客跟进,谁跟进的效果好,就可以获得更多的抢客机会，业绩奖金也就更多。

（4）通过手机平台，分析每日粉丝的关注、注册、预约的增长数据，以及客户的新增、问询、看房、认筹、认购、签约情况，掌握客户的认知途径、年龄段、工作行业，从结果反推营销动作，进行必要的定位与调整。

（5）每一个房间显示需求数量，需求越多房号图标颜色越深，并设置相应的价格上浮机制，根据客户需求可以手动或者自动算价，在一定的价格箱体内，确保价格与需求的高度一致，实现楼盘价值的最大化。

第十一章
房地产大数据营销

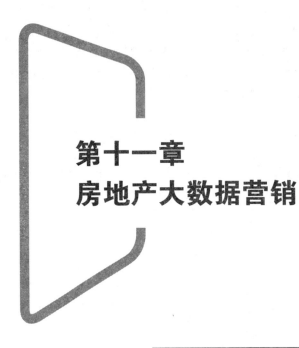

基于价值预测的项目选址
基于客户行为的产品定制
基于客户需求的精准营销
……

大数据时代下的房地产营销

移动社交媒体改变营销传播渠道
聚客生态冲击传统营销模式
……

大数据带给地产营销的变化

大数据营销的概念
大数据营销的优势
大数据在房地产营销中的应用

大数据营销认知

大数据时代下,平台战略才是中国房地产行业的未来所在,越来越多的房地产企业正在改变关注点,大数据在信息整合和分析方法上的突破将成为关注的焦点。从营销的角度来看,移动互联网提供了海量的数据来源,根据来自不同平台的数据进一步挖掘和分析,找到这些数据相对应的人群,从而帮助房企深挖市场潜在需求。

第一节　大数据营销认知

一、大数据营销的概念

大数据营销是指通过互联网采集大量的行为数据，首先帮助广告主找出目标受众，以此对广告投放的内容、时间、形式等进行预判与调配，并最终完成广告投放的营销过程。

大数据营销是基于多平台的大量数据，依托大数据技术的基础上，应用于互联网广告行业的营销方式。大数据营销的核心如图11-1所示。

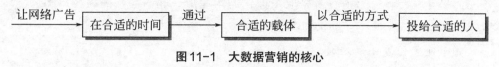

图11-1　大数据营销的核心

二、大数据营销的优势

大数据营销衍生于互联网行业，又作用于互联网行业。依托多平台的大数据采集，以及大数据技术的分析与预测能力，能够使广告更加精准有效，给企业带来更高的投资回报率。具体来说，大数据营销具有图11-2所示的优势。

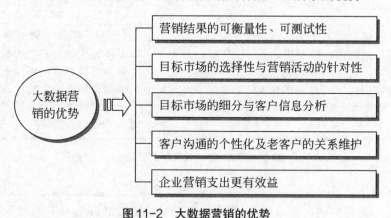

图11-2　大数据营销的优势

1. 营销结果的可衡量性、可测试性

运用数据库，企业可以测试产品、沟通媒介、目标市场等方面的有效性。由于测试可以快速进行，所以企业也可以根据测试结果采取及时的行动。另外，消费者对于某项营销活动的反应也是可衡量的,这使得企业可以比较不同营销方法的有效性。

2. 目标市场的选择性与营销活动的针对性

运用数据库,企业可以为某项营销活动选择精确的目标客户。同时,选择在恰当的时间,策划针对性的营销活动,从而增强活动效果及客户的反馈率。

3. 目标市场的细分与客户信息分析

运用数据库,企业可以细分不同产品的目标市场,并能够更加了解自己与竞争者的经营状况。同时,利用目标客户信息的分析与研究(客户特征、消费行为、客户满意度等)定位传播渠道、策划营销方案及发展策略。

4. 客户沟通的个性化及老客户的关系维护

企业可以针对每个消费者采取个性化的沟通形式和内容,提高客户满意度,增加反应率,同时建立品牌忠诚度。

5. 企业营销支出更有效益

运用数据库,针对精确的目标客户进行相应的营销活动,改变了传统大众营销的营销模式,以精确营销为手段,降低成本支出,提升营销的效益。

三、大数据在房地产营销中的应用

在房地产行业中,借助于移动终端,互联网可以对所有传播渠道开展颠覆式革命,让房地产领域发生质的变化。大数据对房地产的影响具体表现如图11-3所示。

房地产企业通过对大数据的挖掘,准确摸清消费者的真正需求,最大限度地迎合消费者欲望,成为房地产企业制定精确营销策略的关键		依据定位不同、侧重点不同,能够挖掘出不同的数据结果,可帮助房地产企业制定精确营销实施方法,从而降低营销成本,提高销量和利润,提升营销效率

图11-3 大数据对房地产的影响

在移动互联网时代,大众的兴趣和习惯是多样化而分散的,呈现出五花八门的差异化特征,同时,大众正在通过一定的兴趣和爱好自然地重新聚合在一起。大众信息在不断碎片化,营销者可以通过对大数据的打捞梳理、网络舆情监测、客户管理,重新清晰地勾画出目标消费者的轮廓。

房地产企业通过对数据的交换、整合、分析,来总结各种现象背后的原因、特征、共性和交集,并以此预测客户需求的发展趋势,进而找准、摸清客户需求,从而实现贴合客户需求的精确营销行为。

此时，开发商已不再是机械的产品推销者，而是转变为消费者需求和利益的满足者和匹配者，其在最大限度地贴合消费者需求的同时，也获取了最大化的市场利润。

> **小案例**
>
> 2014年6月，万科牵手百度建立了战略合作关系。双方主要围绕万科商用旗下的社区商业、生活广场、购物中心系列业态展开，是基于百度公司的"定位引擎、大数据、营销工具"三类核心技术，发挥LBS、云计算等技术优势。
>
> 百度可以为万科旗下的商业广场提供大数据分析和云计算技术，打通线上线下信息，提供行车、车库和商场导航及路线规划等。借助数据挖掘和分析技术，万科不仅可以针对消费者偏好来调整店铺分布、招商策略，也可以通过分析商场消费人群，掌握人流活动轨迹、消费习惯等，提供个性化定制服务和精准营销。

第二节　大数据带给地产营销的变化

互联网和智能软硬件近年来高速发展，大数据技术日趋成熟，成为如同水电一般的基础设施，并在各行各业取得深度应用，给房地产营销也带来了深刻的变革，大数据使得地产营销的传播渠道、聚客生态、案场升级、交易微创新等各个环节出现了明显的四大变化趋势。

一、移动社交媒体改变营销传播渠道

随着智能终端和4G网络的普及，营销传播从PC互联网时代已经进入了移动互联网时代，移动社交媒体崛起，营销传播出现了全新特点和玩法。

1. 新战场

移动互联网时代，移动社交媒体成为新的营销战场，出现了新的特点。其表现如图11-4所示。

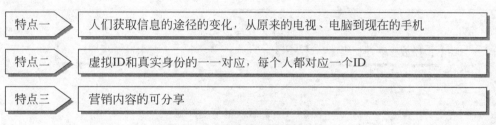

图11-4　移动社交媒体的特点

传播渠道的变革，导致各行业在新媒体投放上的力度逐年增加，在投放份额中，房地产排到第三位，但是，在移动端的投放份额却不足4%，说明地产行业在向移动端转型时反应较慢，只有恒大、万科、碧桂园等头部企业较为敏感，大力投放，并取得较好的效果。

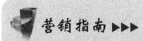

全面拥抱移动社交媒体是地产营销的趋势所在，移动社交已经成为营销新战场。

2. 新玩法

社交媒体背后的原理是基于大数据在对的时间、对的地点、针对对的人进行广告展示。地产新媒体营销主要有图11-5所示的两种玩法。

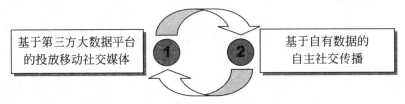

图11-5 地产新媒体营销的两种玩法

图11-5所示说明：

（1）基于第三方大数据平台的投放移动社交媒体。此种玩法的逻辑是先通过大数据透视目标客户的肖像，然后在第三方平台海量用户中挖掘精准目标人群，再针对他们传播项目卖点，最后，通过数据监控广告效果。

（2）基于自有数据的自主社交传播。此种玩法主要是房企利用已有的客户资源数据，以客户为传播载体，在其关系链中形成社交传播。

3. 新措施

上面这两种移动社交媒体的玩法，还需要靠图11-6所示的两种措施来落地。

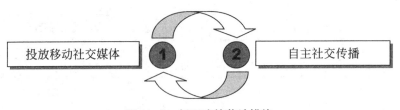

图11-6 新玩法的落地措施

（1）投放移动社交媒体——抢占朋友圈。如果要借助第三方平台数据进行投放，当然首选微信朋友圈，朋友圈是使用频度最高的功能，让广告高覆盖、高触达。

比如，明源云客和腾讯合作，通过房企种子客户的关系链放大、相似度放大、标签放大，实现客户、客户圈层、客户相似人群的精准广覆盖。

（2）自主社交传播——跑步&红利。自主社交传播也有两种方式，一种是品牌内容型传播。

比如，万科在全国举办的乐跑活动，从报名到结束，可持续一个多月的内容传播。

另一种是项目红利传播。

比如，东莞万科使用的云客快码传播产品，通过红利激励业主进行社交传播，3天吸粉20多万。

二、聚客生态冲击传统坐销模式

客户知道楼盘项目后，更多的需要由"专家"带领到案场，"专家"来自聚客生态。目前地产聚客生态主要分图11-7所示的四类。

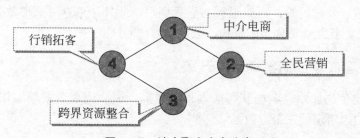

图11-7　地产聚客生态分类

在以上四类渠道中，房企需要根据自己项目的特点进行灵活配比，形成自身的生态组合策略。

比如，房企如果新进入一个城市，没有人脉，也没有知名度，选择与当地中介电商合作是效果最好的。

如果房企在城市深耕了好几年，已经有几个项目，可以利用好老业主资源，做老带新。

如果觉得渠道费用太高，或者害怕被渠道绑架，也可以自建行销团队进行均衡，如恒大、碧桂园、万科、融创都在做。

如果是旅游地产项目，因为客群具有跨空间特性，非常适合整合跨界资源，实现异地销售。

因为以上渠道都是按效果付费，随着竞争加剧，未来的趋势很可能是所有渠道都用，但是，渠道如果太多，就容易出现截客、飞单等问题，渠道管理复杂度倍增，这就需要对渠道进行规范运作。

对渠道的规范化运作可以从图11-8所示的三方面入手。

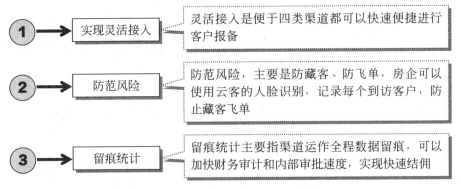

图11-8　渠道的规范化运作措施

由于渠道过程全程都有数据留痕，房企就很容易通过渠道参谋实时监控渠道的各个环节，及时反馈，对渠道行为进行调整，此外，可以对渠道效果和渠道质量进行评估，优化渠道体系的机构，监控渠道风险。

三、高获客成本倒逼案场运作升级

随着竞争的加剧，案场获客成本日益增高，因此倒逼着案场运作进行升级，主要有图11-9所示的三个方向。

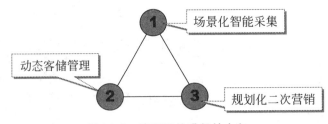

图11-9　案场运作升级的方向

1. 场景化智能采集

案场想要优化客户到访体验，更精准地把握客户，就需要借助智能软硬件设备进行数据采集。

比如来访，以往的来访登记本容易被随意翻阅拍照，造成客户流失，房企可以选择云客的来访登记，实现登记—识客—分配—评价一站式处理，数据全程记录，防藏客防飞单。

如果是渠道带看客户，以往带看确认流程繁琐，如今房企可以使用确客打印小程序，扫码自助打印带看确认单，便捷高效。

2. 动态客储管理

数据的采集可以实时把握客户，在客储过程中，数据对客储动态监控就更重要了，一般大型房企都会根据自己的销售目标和经验转化率反推客储目标数量，然后按阶段、按团队、按渠道对目标进行分解，各大房企都各有突出的特点。

比如，碧桂园反推客储目标的方式很突出，旭辉的"一波三折"注重按时间分解，中海注重对客储目标进行团队分解。

3. 规划化二次营销

通过客储使得客户来到案场，由于客户到访成本升高，房企需要从"重杀不重营"向把访客变成有价值的资产转变，比如利用客户规划二次营销。

比如，项目可以使用云客的到访传播，通过红利激励到访客户分享项目电子优惠券到朋友圈，吸引客户社交圈层好友到访，到访之后双方都有奖励。到访传播实际是快码传播的一种变种，可以实现圈层拓客、社交传播和强力促到访。

四、政策波动激发交易模式创新

近年来各种房产政策频频出台，对交易、认筹、洗客、开盘环节影响很大，洗客&交易模式的微创新正如火如荼地进行中。

1. 认筹微创新

政策规定，没有预售许可证，不能认筹，但是不认筹，又没法预估客户意向，于是各路房企想出了花样繁多的认筹方式。

比如，变成入会、验资、买理财产品等，把认筹转化成各种买东西的名目。

2. 开盘微创新

交易环节的线上创新主要体现在开盘上，如今已经有多家标杆房企开始尝试线上开盘，客户可以直接在手机端选房、选车位。

比如，重庆保利在重庆有20几个社区，很多楼盘剩下一半以上的车位，重庆保利通过线上开盘，客户在社区内可以直接扫二维码买车位。

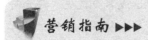

线上开盘适合小批量推售、尾盘或车位，操作灵活，效率高，成本低。

除了线上开盘，传统线下开盘也开始出现智能化、无纸化的开盘趋势，通过电子开盘把选房、认购、转定三岗合一，省时省力省事。

房多多沉淀数据推出"置业专家"

成立于2011年的互联网房地产交易平台房多多，技术团队汇聚了曾就职于腾讯、百度、谷歌等互联网领军企业的众多技术大牛，是一家技术驱动型的企业。目前，房多多打造的交易平台涵盖了新房和二手房业务。

从创立之初，房多多便注重于用户行为的采集与分析，并将其用于提升用户体验。在房多多的线下交易大厅内，有一个大屏幕不断滚动显示各项数据。房多多平台上每成交一套房源，都会在屏幕上得到体现。屏幕中间的大地图对应显示各区域的月挂牌均价和涨跌幅，一侧还会根据区域内各板块和小区的挂牌均价生成一组由高到低的排名，普通用户一看便可直观地了解到目前的市场行情。另外，新房楼盘推荐、小贴士、交易案例等多项资讯也会在屏幕上不断更新。

从一块大屏幕足以看到房多多对于数据的重视程度。尽可能地将一切数据化，便于整合提升运营效率，是房多多当下希望去达到的目标。

目前，房多多推出的"置业专家"服务便是在大量交易数据沉淀后应运而生的。作为房多多整个交易服务体系中的一环，该服务将免费提供给买卖双方，以此来提升平台成交效率。

有别于传统中介，房多多在二手房领域采用的是直买直卖的模式，即买家与卖家可以直接对话沟通，房多多仅提供全程的交易服务并确保资金安全。为了提升买房效率，一旦买卖双方存在价格分歧，平台上的置业专家可以介入并提供免费谈价磋商服务。

置业专家都是从业5年以上的资深二手房从业人员，一方面他们精通小区房价，一方面也有着丰富的沟通经验。他们会根据以往大量交易数据，对双方存有争议的价格进行分析，并给出相应的建议，促使双方达成交易。

传统二手房交易过程中，中介经纪人会将买卖双方隔离，利用信息不对

> 称，从中榨取利润。而房多多平台上的置业专家则是在买卖双方同时在场的情况下，根据双方的需求进行磋商，整个过程中还有交易数据支撑，不仅公开透明而且更容易让双方信服。

第三节　大数据时代下的房地产营销

在房地产界，万科与百度的联手，恒大与阿里的联盟，万达与京东的合作，无不是为了得到房地产以外的大数据，为企业的发展保驾护航。目前大数据已经渗透到地产开发的方方面面，从前期的项目拿地、产品设计到后期的精准营销、物业服务无不体现着大数据的种种优势。

一、基于价值预测的项目选址

对于住宅项目来说，开发商往往会通过区域环境、经济、人口、房地产历史成交数据，来判断一个区域拿地的可行性，但是开发商无法获取房地产以外的数据。

比如，区域人口的实际规模，家庭的实际收入水平、消费情况、支出结构、存款还款信息。

而这些信息恰恰对于房地产市场的需求预测和购买者的偏好有很大的帮助，因此房地产企业需要借助大数据平台，让拿地更精准。

小案例

> 早在2009年，万科在房山的布局拿地，就实现了大数据在拿地中的运用。万科联合中国移动、联通、电信三大电信运营商得知当地实际人口规模、综合市场供需价情况，确定合适的拿地价格，并结合了北京当时的新房供应量、存量房数据、北京房均价、购房人群年龄结构等众多数据，进行市场和区域预判，最终判断房山作为当时的"价值洼地"会拥有巨大的购房群体支持。以至于在众多房企都不看好的情况下，万科以6000元/平方米左右的均价连摘房山长阳两个项目，四年后，项目的升值率高达85%，成为房山区域主要的刚需楼盘之一。

同样，大数据在商业项目选址方面也有着很大的应用价值，地产商借助于百度地图大迁徙展现的大数据可以看到一个城市各个区域的人口密度情况，通过对比发现不同时间段人口分布区域的不同，进而推断人们在哪里工作、在哪里居住、会经过哪些地方。

比如，阿里通过对淘宝用户180天内默认收货地址信息分析的统计数据显示，北京、上海、广州等大城市的人口依旧呈"正向"流入的趋势等，这些人流汇集的数据，为商业精确选址提供很好的依据。

二、基于客户行为的产品定制

不管是住宅项目还是商业项目，都可以借助大数据实现产品设计，通过大数据对目标用户群体进行分析，了解他们的需求，实现定制服务。

表11-1所示的是房地产项目产品定位的两种不同方式。

表11-1 房地产产品定位的不同方式

产品定位	传统定位依据	大数据定位依据
物业类型	各物业类型历史成交数据	当地客群行为（购物、生活偏好）
物业档次	数据	客户行为（对生活品质的要求）
户型	市场面积段、其他项目数据分析	客户评价
景观	项目借鉴	客户评价
内部配套	小区品质定位	客户喜好（健身、游泳、聚会）
装修情况	项目成本和市场比对	个性化客户

这里大数据的产品定位都是基于客户行为分析的基础之上，通过类似城市规模、类似经济指标、类似区位特征、类似配套楼盘的历史销售数据，或者通过物业，整合互联网上人们在各种场合对这些楼盘留下的对建筑风格、景观、户型、环保、智能化、商业配套等方面的评价和期待信息，为客户实现产品定制。

> **小案例**
>
> 万科主要是借助物业管理来获取客户的生活习惯、购买需求等数据，并通过这些数据去开发产品。早在2002年，万科就引入了客户满意度调查，对年度客户满意度调查的结果进行分析，确定下一年度的客户满意度提升工作计划，并聚焦围绕客户展开的一系列工作，进行针对客户不同属性的交叉分析，这些数据分析结果，将指导产品的设计和社区配套的建设，包含户型、景观、住宅性能和邻里空间等方面。

对于商业项目的设计运营方面，大数据的应用更为直观。

比如，北京的西单大悦城内，消费者连上商场内WI-FI的同时就自动成为了大悦城数据库的一部分，后者只要统计WI-FI接入点的客流情况就能勾画出消费者在卖场内的轨迹图，这些人流轨迹图为商家的招商布局做出了很好的指引。

又如，万达通过建立会员体系，用移动终端收集会员消费的次数、额度、喜好等信息，然后进行大数据分析进行有针对性的商业设计运营。

三、基于客户需求的精准营销

精准营销，是在精准定位的基础上，依托现代信息技术手段建立个性化的顾客沟通服务体系，实现企业可度量的低成本扩张之路，是有态度的网络营销理念中的核心观点之一，说白了就是在合适的时间、合适的地点，将合适的产品以合适的方式提供给合适的人。

企业通过对大数据的挖掘，准确摸清消费者的真正需求，找准营销人群、配准营销策略、匹配营销渠道、投准营销资源，其特点是针对性强、命中率高、效果更佳。

大数据在精准营销中的价值，主要在于如何找准目标客群，其措施如下。

1. 利用已成交的客户数据

要找准目标客群，可以利用已成交的历史客户数据，通过一个项目或多个项目历史客户数据勾画出客户地图，具体如图11-10所示。

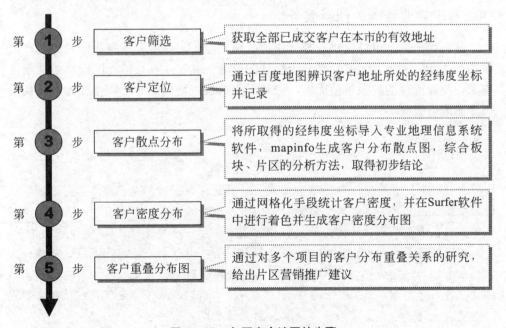

图11-10　勾画客户地图的步骤

2. 通过第三方市场调查公司

通过第三方市场调查公司，获取来源于社交网站等的反映客户行为、习惯、偏好、情绪等的数据，还可根据客户手持设备中的GPS、传感器，获取客户的位置等即时数据。必须将这些数据通过云计算的手段进行筛选、分析，在此基础上从不同的维度，细分出哪些群体是我们的重要客户、次要客户、泛在化客户。

> **小案例**
>
> 万科通过在前端收集数据，后端进行数据管理，最终客户数据都进入到集团的数据中心，做深度的数据分析。建立客户档案中心、产品档案中心、客户行为中心。在海量收集的基础上，把符合年龄、学历等条件的客群进行了匹配，利用LBS的定向能力，对一些有消费实力的商圈进行挑选，向部分区域的QQ用户投放精准营销广告。仅仅是推广一个楼盘而已，万科投入3万元，获得2000万次的曝光，数万的广告点击人数，最终成交额为400万元。

大数据的应用，在房地产营销的体现上，倾向于把数据精细化管理，通过核心营销区域定向、核心营销目标客群定向、有购房需求客群定向三大维度全方位精准覆盖房产目标客群，最终直接精准锁定购房群体，实现房地产精准营销。

四、基于物业管理的创新服务

在房地产界，可以说物业是一块被忽略的金矿，许多人将物业作为房地产销售的一个卖点和工具，甚至是一个贴钱的行业。其实，真正的社区消费才是刚性需求，物业管理的商业价值无穷，依赖于大数据，地产企业的物业服务可以实现很多的增值服务。

> **小案例**
>
> 花样年"彩生活"电子商务模式，通过选取与金融、电子商务、互联网第三方平台的合作，利用他们的大数据服务搭载金融服务、养生养老、文化旅游等的社区服务平台，为彩生活社区用户带来全生命周期的社区服务。"彩生活"利用互联网平台及彩之云APP系统，以社区为中心辐射一公里微商圈，集成包含衣食住行娱购游在内的各领域商户服务资源，时时推送更新活动信息，柴米油盐等日常用品都可以从社区平台上买，买东西送积分，积分就可以抵物业管理费，在这个平台上消费一定额度，物业就可以免费。

另外，还有万科的幸福驿站、绿城研究"园区服务"增值服务体系，北大资源打造"资源家"平台，绿地建设"智慧城镇"及"平台型企业"，利用互联网大数据创新物业平台，正如雨后春笋般滋生，众多房企纷纷介入网络平台的研发，希望以此打破社区规模限制的壁垒，为业主提供更为丰富的服务。

营销指南 ▶▶▶

未来的房地产，出售的不再是房子，而是基于大数据的服务，通过APP入口，物业将创新商业模式，成为房企新的利润增长点。

第十二章
房地产软文营销

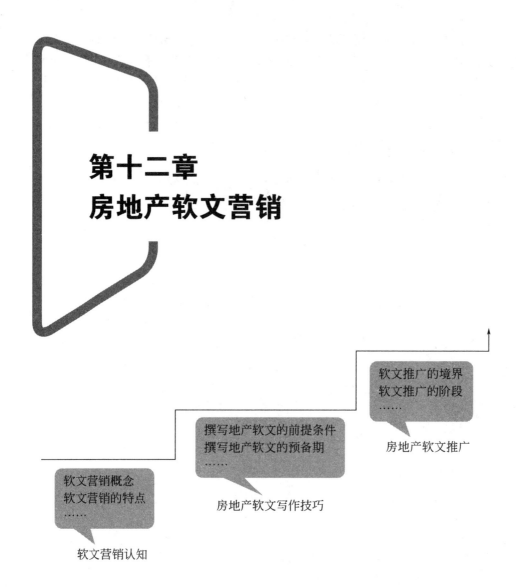

软文营销是企业在销售过程中利用或者创造新闻,以求达到宣传企业或产品的特殊广告表现形式,其操作动机主要是追求商业利益,主要特点是文体介于新闻和广告文之间。当然,一篇上好的营销软文是不会让读者感到有一点点"广告味"的。

第一节 软文营销认知

一、软文营销概念

软文是基于特定产品的概念诉求与问题分析，对消费者进行针对性心理引导的一种文字模式，从本质上来说，它是企业软性渗透的商业策略在广告形式上的实现，通常借助文字表达与舆论传播使消费者认同某种概念、观点和分析思路，从而达到企业品牌宣传、产品销售的目的。

软文营销，就是指通过特定的概念诉求，以摆事实讲道理的方式使消费者走进企业设定的"思维圈"，以强有力的针对性心理攻击迅速实现产品销售的文字模式和口头传播。

比如，新闻、第三方评论、访谈、采访、口碑等。

二、软文营销的特点

软文营销的本质是广告，追求的是低成本和高效回报。与硬广告相比，软文之所以叫做软文，精妙之处就在于一个"软"字，好似绵里藏针，收而不露，克敌于无形。软文营销具有图12-1所示的特点。

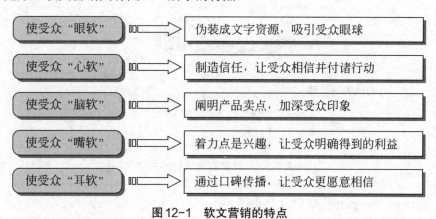

图12-1 软文营销的特点

三、软文营销的意义

软文营销一旦操作成功，确实会给企业或者产品带来出乎预料的宣传效果，起到推动销售的作用，甚至会令企业或者产品一夜"炮红"。软文营销具有图12-2

所示的意义。

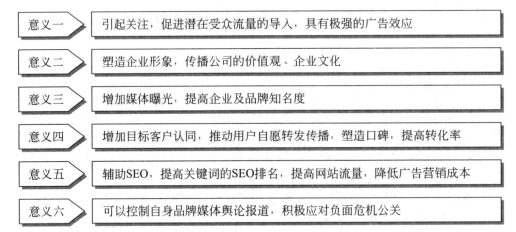

图12-2　软文营销的意义

四、软文营销成功的关键

软文是巧妙地把推广信息分散到具有可读性的文章内容中，这样就不会使得推广信息很直白地显现在读者的面前，就不会使读者过早地产生抗拒的心理。那么对于软文营销来说，抓住图12-3所示的三个关键点可以使你的软文更加成功。

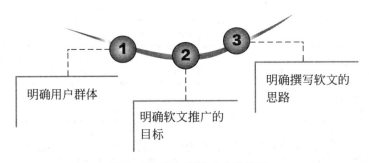

图12-3　软文营销成功的关键

1. 明确用户群体

什么是明确用户群体呢？简单来说，就是要明确行业、产业或者企业的消费人群。如果我们对消费人群没有一个良好的把握的话，是很难做好软文策划的。

比如，加多宝凉茶，它的消费群体基本上就是15～35岁左右的消费者，因此他们就针对这个年龄层的消费群体进行了宣传，最明显的就是"中国好声音"这个节目的诞生。通常看"中国好声音"的观众大多处于20～30岁之间，他们打造这个节目就是为了利用这个消费群体来进行宣传。

因此，我们在做软文策划之前，一定要先确定用户人群。

2. 明确软文推广的目标

很多企业在进行软文策划时，对于推广的目标都是很模糊的，这会让软文策划变得非常艰难。因此我们在进行软文策划的时候需要明确一个清楚的目标，重点需要做哪些环节的工作，这些最好是能够非常明确。

> **营销指南** ▶▶▶
>
> 在进行策划之前，最好是先定一个短期的目标，那么接下来就可以根据这个目标来制定相关的推广方案了。

3. 明确撰写软文的思路

一般我们在写软文的时候，肯定要以用户的需求和兴趣作为卖点来进行创作。

比如，通过对企业介绍的软文来展示企业的实力和品牌形象，通过对企业营销渠道介绍的软文来表明企业不断发展以获得代理商，通过对产品性能介绍的软文来激发消费者的购买欲望，通过对网站运营的总结软文来推广自己的网站。

这些都是软文撰写的思路，思路可以多种多样，但是创作思路和平台是分不开的，像是这篇软文要投放到哪个平台，那么针对这个平台文章的特性，我们的创作思路也要进行适当的调整。

比如，投放到新闻平台的话，就需要撰写专业的新闻软文，不同的平台对于软文的要求是不尽相同的。

第二节　房地产软文写作技巧

一、撰写房地产软文的前提条件

房地产软文撰写前提，是要紧扣项目适合的主题无限扩散，并非无限放大。

（1）撰写房地产软文之前，要和开发企业统一口径，明确对消费者的承诺。

（2）撰写某个房地产项目时，要挖掘项目的核心卖点和主要卖点，可以在一定程度上拉大，但是不能无限拉大，物极必反的现象在现实中已经不胜枚举。

（3）要紧扣项目核心、企业承诺、政策法规的允许面，绝对不能弄虚作假，乱造数据。如若存在造假，一旦被竞争对手或消费者揭穿，将面临声誉危机。

二、撰写房地产软文的预备期

一个优秀的房地产广告人员对房地产软文的撰写，都有预备期和撰写期两个阶段，软文撰写预备期会对所有资料进行有计划地梳理，并制订撰写计划，有的放矢，知己知彼，做到心中有数。而资料的梳理，无外乎两个板块，企业的资料和目前项目的资料。

1. 开发企业资料梳理

开发企业资料梳理包括表2-1所示的内容。

表12-1 开发企业资料梳理

序号	梳理内容	具体说明
1	企业历史方面	列出公司自成立以来具有新闻价值的事件、里程碑意义的阶段，通过企业内访，了解企业发展历程、故事
2	企业规模方面	经营规模、人员规模、成员企业以及营销网络等代表企业发展状况的信息
3	企业荣誉方面	企业各种认证、荣誉和市场地位、公司的市场影响力、行业排名等。此方面通常需要及时加入新的内容
4	企业战略方面	企业文化、管理理论、经营模式，也可以是独特的经营管理策略等
5	重点人物方面	董事长、总经理，还有其他一些在公司发展中举足轻重的人，介绍他的观点、故事、轶事等。这方面必须注重积累，并不断进行充实，关于他的媒体报道更要加以整合
6	图片影片库	企业LOGO、公司标志性建筑、办公场景、重要事件场面、项目产品包装、广告图片以及公司重要人物照片等

 营销指南 ▶▶▶

由于不同的公司有不同的内容，资料方面的梳理要根据需要做相应的调整，不能一成不变。但是万变不离其宗，大体上和上面所罗列的方面基本不会有太大出入。

2. 目前开发房地产项目资料梳理

目前开发房地产项目资料梳理包括表12-2所示的内容。

表12-2 目前开发房地产项目资料梳理

序号	梳理内容	具体说明
1	产品核心卖点	豪宅、洋房、文化、教育、风情、艺术、田园、生活、品质、景观等
2	产品方面梳理	洋房、别墅、普通住宅、公寓、HOUSE户型、多层、小高层、高层,外立面风格、复式、跃式、错层、层高、入户花园、飘窗、阳台、园林、容积率、绿化率、停车位、几梯几户、实用面积等
3	区域方面梳理	市区、郊区、城镇、繁华区、潜力区、安静区、杂乱区
4	配套方面梳理	景观(山、河、湖、海、岛、城市景观、园林景观)商业、休闲、商务、公园、银行、医院、学校、会所、体育中心等

营销指南 ▶▶▶

不同的房地产项目,地处不同的位置,有不同的风格……但是项目核心卖点的梳理、产品方面的梳理、项目周边配套梳理等也有所不同。但上述的各点具有一个共性的特点,即应根据目前项目的需要进行取舍和补充。

三、房地产软文标题设计

一篇房地产软文和一篇房地产硬广有很大的区别,硬广靠创意画面和文字吸引人,而软文单靠文字来取胜。一篇房地产软文的标题是否有冲击力和吸引消费者,决定着该篇软文的成败。所以说房地产软文一定要设计标题。

房地产软文创意新颖标题的设计,可以参考以下几个方面入手,一步步推敲。

(1)要尽量用动态结构,比如"行为主体+行为+行为客体"形式。词的选择上,要多用动词,慎用形容词、副词。

(2)要尽量用陈述句进行客观表达,保证理性色彩和客观形象。慎用主观色彩浓郁的字眼,判断的句子在文中应有足够的数据、理论、资料等支持。

(3)要尽可能用主动语态,慎用被动语态,使事实表达得更加清楚、直接、有力。

(4)少用或不用逗号、破折号这类符号,否则影响消费者阅读时的流畅和对主题的正确理解和把握。

（5）忌用生僻字、人名、地名、专业词汇等。多用比喻、比拟、排比等修辞手法，这样才能达到更好的效果。

（6）要尽量根据人眼的正常视觉和阅读习惯来确定标题的字数，最好控制在8～12个字，特殊情况除外。短了可能信息量不足，太长了使人难以接受或阅读困难。

（7）标题中的数字，要尽量具体化为读者有生活经验和尝试的具体描述。

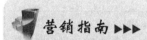

主题明确的情况下，如果一时找不到具有穿透力的标题，可以边写正文边考虑标题，也可以正文全部写完后再冠上满意的标题。

软文标题的分类

在快节奏的生活方式中，人们的阅读习惯已经改变，读标题的时代已经来临，因此，软文标题的好坏直接决定了软文的成败。一般来讲，软文标题可分为以下几类。

1. 擅抓热点，撰写报道式标题

这类软文标题主要借助近期的新闻热点来吸引读者的注意。软文撰写者可以借助百度的搜索风云榜来关注最近热门事件，借助这些事件的受关注度，可以提高软文的点击率和转载率。

如《面对"用工荒"，企业如何借力电子商务》标题就是结合了当前全国各地出现的"用工荒"事件。再如《圣诞节鲜花预定火爆鲜花》就是借助圣诞节鲜花预定火爆的事件。

2. 设置悬念，撰写疑问式标题

这类软文标题以疑问的形式提出问题，以引起读者的注意，产生共鸣与思考，并把软文传递的信息用答案的形式说出，或只问不答，引导消费者从正文中去寻找答案。由于人们大都具有好奇心，因此这类标题点击率比较高。

如《是什么让他的爱车走向了不归路？》就是设下一个悬念，文章回答防锈是安全行车不可忽视的地方，并引出软文所要宣传的防锈产品。

3. 借助情感，撰写感人式标题

这类软文标题往往借助人性在情感上的共通点，旁敲侧击，通过"晓之以理，动之以情"的方式来传递软文所要宣传的产品，一般保健品软文或美容品软文用得比较多。

如《老公，烟戒不了，洗洗肺吧》《写给那些战"痘"的青春》《19年的等待，一份让她泪流满面的礼物》等都是情感类标题的代表作。

4. 相互比较，撰写对比式标题

这类软文标题通过与自己或同行进行比较，来显示自己的优越性，使读者对软文所要宣传的产品或服务的独到之处有深刻的认识。值得说明的是如果是与同行其他企业对比，这类标题绝对不能指名道姓，以采用泛比为宜，切记：避免伤害其他同类商品。

如《××数码广场：春节手机销售同比翻番》一文，就是自己同期相比的一个案例，通过销售增幅来吸引读者关注；再如《××品牌服务，超越国家三包服务范畴》。

5. 细致观察，撰写新鲜式标题

这类标题往往将软文所描述的新鲜事物、新鲜产品提炼到标题中，常用的关键词有"首现"、"惊现"、"风生水起"、"暗流涌动"，由于新意十足，往往会受到读者的关注。

如《记者观察：网上项目外包风生水起》软文标题，就属此类。再如《我市惊现"日光盘"》的房地产软文标题。

6. 直击软肋，撰写恐吓式标题

这类软文标题与我们之前介绍的借助情感撰写感人式标题正好相反，恐吓式软文属于反情感式诉求，情感诉说美好，恐吓直击软肋，实际上恐吓形成的效果要比赞美和爱更具有记忆力，但是也往往会遭人诟病，所以一定要把握度，不要过火。

这类软文标题代表作有：《高血脂，瘫痪的前兆！》、《天啊，骨质增生害死人！》、《洗血洗出一桶油》、《30岁的人60岁的心脏》。

7. 生动有趣，撰写幽默式标题

这类软文标题往往运用生动、幽默的语言，使得标题变得活泼俏皮，令人读后回味无穷，甚至乐意进行口碑传播。

如《赶快下"斑"，不许"痘"留》就是幽默式标题的一个代表。

四、房地产软文篇章结构

如何吸引和满足消费者日趋挑剔、高贵的目光,让消费者接受软文内容,其关键就在于房地产软文篇章结构的设计。一般来说,房地产软文的篇章结构主要有图12-4所示的几种。

图12-4 房地产软文篇章结构

1. 开门见山式

直截了当地提出软文主题,分几个引人注目的小标题,把所要讲述的内容一步步安置适当的位置,再进行提炼。

2. 避实务虚式

提出隐喻、夸张、拟人等形式的问题,诱发消费者的兴趣,再把要传播的信息和内容有机结合在一起,逻辑关系上步步递进。

3. 惊雷细雨式

设计一个主标题和一个副标题相复合,主标题通常是雷声阵阵,副标题通常是细雨绵绵,打雷了人们都会在意这种自然的威力,绵绵细雨总会引导人们渐入佳境,根据项目的目前实情和计划再把细化和补充的内容撰写出来。

4. 突兀悬念式

提出一个核心问题,然后围绕核心问题自问自答,引起话题和关注是这种方式的优势,但是必须掌握火候,首先提出的问题要有吸引力,答案要符合常理,不能作茧自缚漏洞百出。

5. 故事引导式

讲一个完整的引人故事带出产品,让产品品质和功效给消费者心理造成强烈暗示,使销售成为必然。讲故事不是目的,故事背后的产品线索是文章的关键。听故事是最传统的知识接受方式,所以故事的知识性、趣味性、合理性是地产软文成功的关键。

6.情感沟通式

情感一直是传播的一个重要媒介，地产软文的情感表达由于信息传达量大、针对性强，当然更可以使人心灵相通。情感最大的特色就是容易打动人，容易走进消费者的内心。

下面提供两份房地产软文的范本，仅供参考。

 范本一：方向所系，焦点所驱，恒大点亮象湖之"心" ▶▶▶

人气中心——聚集人气速度，赶上CPI的涨幅

蔬菜涨了，肉类涨了，牛奶涨了……目前CPI涨幅已经成为了整个社会的热点话题，而在象湖新城，南昌·恒大城聚集人气的速度却已经赶上了CPI的涨幅。自4月中旬优惠登记以来，短短月余，累计访客户达万余组，优惠登记也已有千余组，聚集人气的速度可想而知，其中不乏其他地市的置业者。南昌·恒大城以其完善的生活配套、9A精装的稀缺品质、美轮美奂的皇家园林等，成为了南昌乃至整个江西的焦点。

教育中心——"孟母三迁"不需要，标准15年教育

可怜天下父母心，为了孩子的教育，孟母也曾三迁。而南昌·恒大城规划有8000米²国际双语幼儿园和30 000米²社区贵族中小学的一站式15年精英教育，以一流的师资力量与教育设施，圆了天下父母的愿望。另外可容纳66个教学班的省级重点中学莲塘三中与投资1.5亿元的南昌现代外国语学校（省重点）离项目仅3分钟车程。周边更有江西省护理学院、百树幼儿园、泰豪动漫学院等多所学府环绕，众多教育资源奠定了南昌·恒大城厚实的教育根基。

生活中心——买住处？不，买的其实是生活

生活圈子决定身份地位以及资源的最大化利用。买城市豪宅，并不仅仅是买一套房子，而是对一种生活方式、生活模式的选择，是一种进入高端社交圈层以及精华生活圈的象征。选择顶尖的城市豪宅，相当于聚拢一个相对纯粹的圈层人群，有着更蓬勃向上的创富力量。南昌·恒大城内拥有12 000米²璀璨风情商业街。项目区域内聚集了23 000米²鼎级恒大剧场和5000米²五星级皇家会所等一系列商务设施，与此同时也聚集了一大批精英人才。选择入住南昌·恒大城就是选择了一种高端生活方式。

范本二：魅力万科城，三大魔力助你避免家庭纷争

"家庭纷争"早已成为人类一个永久不衰的话题。多少学者对此发表高论，多少作家因此写出令人断肠的小说。人们感动、从中吸取智慧，努力学习相处之道。然而，家庭纷争依然无处不在。在三代同堂的家庭里，"婆媳关系"是一本最难念的经；同时，夫妻相处日久，缺点比优点更容易暴露出来，俗话说牙齿与舌头也会相打，磕磕碰碰是在所难免。另外，随着新生命的降临，小baby的衣食住行和教育问题成为你全家的重心。围绕着宝宝的成长，父子之间、婆媳之间、夫妻之间总难免会产生各种矛盾和纷争。

面对这些纷争，你郁闷、你疲惫、你不知所措？恐怕都于事无补。

智者曰：距离产生美。所谓距离，一定是相宜的距离，太远，会疏离。太近，会有摩擦。相宜的距离，我想应该是离得近，又要有各自独立的空间。说到空间，自然会想到房子。笔者今天要告诉你的"魔力"，不是叫你去学人家学经念佛，克制自己的行为，培养自己的个人"魔力"。这个魔力啊，它与一种叫做"百搭户型"的房子有关。

魔力一：既能方便三代人相互照顾，又不互相干扰。

要"避免婆媳、父子矛盾"，做儿女的自然要孝顺，而孝顺可不是嘴上说说就算了，你得给父母相对独立的空间。"百搭户型"轻松解决了这一问题。双独立产权户型，既一体相连，又可分可合。小户型可以给父母住，这样一来，父母当然乐呵，你也喜于有人帮衬照顾孩子，且不影响自己的小家庭。还有超值空间附赠，可以给老爸老妈改成小花园，让老两口闲来种种花草、养养鸟，早上打打太极，既保证了身体健康，心情也舒畅。天气好的时候，带孙子在小区散步，呼吸鲜氧，日子别提有多滋润，开心还来不及，矛盾自然也就避免了不少。

魔力二：给爱的人多一点独立空间，让幸福生活得以延伸。

都说相爱容易相处难，我看也未必，关键看你有没有给对方多一点独立空间。时时刻刻绑在一起，对夫妻关系可没什么好处。你爱的"他"需要有独立的空间，做自己喜欢的事。"百搭户型"中的大三房，可以给"他"一间独立的书房，或看书，或思考，或邀朋友下棋，都是乐事。有了自己独立思考空间，工作也就更专心了。所谓智慧的女人，一定懂得给男人独立的空间，让幸福生活得以延伸，把丈夫打造成为一个好男人，其实不需要太多技巧。

魔力三：爱，可以分享，幸福亦然。

以上两大魔力，相信可以助你避免家庭纷争，不过，要想幸福得以如日月

绵长，你还得学会分享。比如，假期在厨房里和老公准备一顿丰盛的晚餐，和老爸老妈儿子一同分享美食，一家人在饭桌上谈笑风生，其乐融融，相信亲情会如藤蔓滋长。还有，有空多参与到宝贝的生活中去，在他的独立游戏房做亲子游戏，分享他的乐趣，小家伙肯定开心。另外，还可以在大客厅，邀请好多朋友一起开PARTY，分享你们的幸福生活……这一切，都会助你家庭更为和睦，幸福更为久远。当然，这些都需要有大空间。没问题，"百搭户型"会给到你。大客厅、宽厨房、儿子的游乐室，都不在话下。

也许你要说：小编你是在扯淡吧，哪里会有这样的房子？莫急，听小编告诉你秘密：近日魅力万科城推出一款新户型产品——舒适大三房和经典一房组成的"空中四合院"，据悉这款叫"百搭户型"的产品，双独立产权户型，既一体相连，又各自独立，可分可合，真正具备上述三种魔力。

真有这样神奇的产品？不信自己亲自去走走看看，眼见为实吗。

第三节 房地产软文推广

一、软文推广的境界

房地产软文推广效果一般可划分为图12-5所示的三重境界。

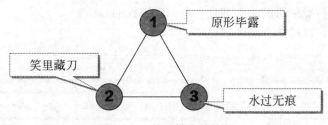

图12-5 软文推广的境界

1. 原形毕露

此类软文的特点是：一般都在报纸的广告专版，很少有图片，有的还加了边框，其内容从头至尾都是王婆卖瓜似的吹嘘项目，诸如地段如何好、景观如何美、物业服务如何周到等；标题大都缺乏创意，地址、联系人、电话都明显地标注在文后。

显然，这类软文是境界最差的。但是大多数项目宣传却停留在这个阶段。房地产企业要在观念上分清软文与平面广告的不同。软文完全以文字表现，它通过读者逐字阅读来传递内容，所以，软文有没有效果，首先是看它能不能吸引读者的阅读兴趣。而平面广告则不同。一个具有创意的设计，一幅极富冲击力的图片，或者是几句富有诗意的短句，都有可能给人以无法抗拒的感染力。因此，软文的制作必须充分注意到这些差异，要扬长避短，决不能将软文当作广告的方式来处理。

2．笑里藏刀

此类软文的特点是文章篇幅不大，属于新闻报道式的，如开盘报道、样板间开放报道等。当然，其内容是以媒体的视角来报道企业，在字里行间或含蓄或直白地把项目赞扬一番，从而为项目进行"客观"的宣传。因为它们是新闻形式，所以这种软文还是有些阅读率的。

此类软文需要注意以下两点。

（1）要注意编辑、记者将报道写得过于平淡，甚至有些负面味道。

（2）要注意审稿，要把稿件的调子定在不是明显吹嘘的感觉上。

3．水过无痕

软文的最高境界就是，不管你怎么看都很难确定它是不是软文。它是"三赢"的，即读者、媒体、项目三方都获益。

这类软文说起来较为复杂，从某种意义上说，这种软文已经不是普通意义上的"软文"了，而是媒体自发地发表出的代表其"公正性"的文字。它一般分为两类，一类是企业无需付费，文章中的内容是企业提供的非常有价值的东西；另一类则是媒体付费采写的关于某企业正面或中性的报道。

总的来说，这种软文的特点如图12-6所示。

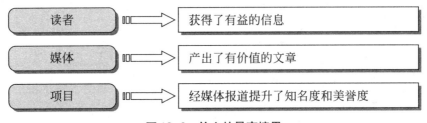

图12-6 软文的最高境界

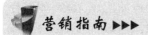

要创作出好的软文，就要求具体编写人员必须充分了解媒体的运作特点，要对新闻传播规律有一定的理解，并对新闻事件有很强的意识。

二、软文推广的阶段

在房地产行业营销中,软文的通篇累牍的运用已变得司空见惯,对企业或产品品牌的树立亦起着重要作用,如何写好软文并推广,亦成为颇受关注的话题。

事实证明,好的软广告可以发挥着事半功倍、四两拨千斤的作用。

比如,史玉柱凭借脑白金系列软文迅速崛起;王石登上8848,为万科节约了6000万元广告费等。

纵观房地产软文,大约可分为新闻软文和广告软文两大类,两者的交叉运用起到树立品牌形象与促进产品销售的目的。房地产企业的软文推广一般会经历图12-7所示的四个阶段。

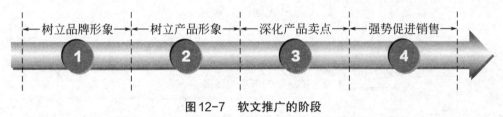

图12-7 软文推广的阶段

1. 树立品牌形象

此阶段为项目亮相前的前期引导期,更多的是为产品的推出做铺垫,所以其新闻性软文占了主导。其表现形式主要如图12-8所示。

形式一 新闻热点

> 此阶段为房地产项目亮相期,一个新生事物初露端倪,可称其为一个新闻事件,这时,可采用新闻播报等形式,对事件进行报道,如开工、奠基等节点,引起客群的关注

形式二 新闻观察

> 此阶段可以新闻观察、焦点访谈等形式,对目前房地产市场进行扫描,报道区域价值及产品特性等,对项目价值点进行宣传

形式三 新闻炒作

> 无中生有炒作,对项目概念和意义等进行深入挖掘,如代表一种文化现象、一种商业模式,引导一种居住趋势潮流等

| 形式四 | 开新闻发布会，组织论坛等 |

进行焦点访谈，对某一个问题、某一个点进行聚焦，对其来龙去脉、意义等进行全方位的分析，并带出一系列的话题：产业话题、市场话题甚至是文化话题、财经话题等

图12-8 树立品牌形象的软文表现形式

2．树立产品形象

此阶段为产品推出期，此时要宣传的是产品理念、产品概念、主推产品价值点等，这时可抛开新闻的时效性，进入产品价值实点的宣传期，这时的软文写作即进入广告软文写作阶段。其表现形式如图12-9所示。

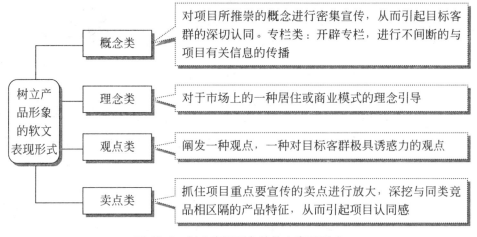

图12-9 树立产品形象的软文表现形式

3．深化产品卖点

此阶段通过前期价值浸透、理念阐述等，客群已对产品有了大概感知，开盘销售时，大家已把眼光注目到了楼盘是否受欢迎、价格如何、什么人在买等细节信息，所以软文所传达的目的，更多的是为增强客群的购买信心。其表现形式如图12-10所示。

4．强势促进销售

此阶段则着墨于对项目销售态势的极力渲染和烘托，根据销售情况做相关新闻报道外，所宣传重点则聚焦于销售过程中所遭遇的问题。其表现形式如图12-11所示。

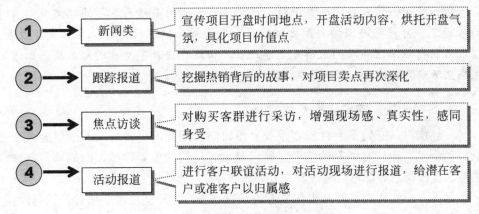

图 12-10 深化产品卖点的软文表现形式

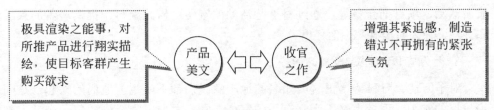

图 12-11 强势促进销售阶段的软文表现形式

三、软文推广的措施

现如今，房地产行业竞争日趋激烈，不少房地产企业为了树立品牌都开始大力地宣传推广，软文营销就是其中最为常见的一种方式。那么，房地产行业该如何利用软文实现推广需求呢？具体措施如图 12-12 所示。

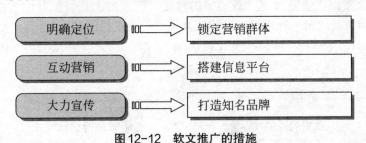

图 12-12 软文推广的措施

1. 明确定位，锁定营销群体

网络上关于房地产推广的软文有很多，但每一篇成功的软文都有很精准的定位，是生态住所、方便交通还是中心商业圈都明确展现在人们的视野中。

比如，在一篇名为"原香小镇，拉开原香生活的美好画卷"的软文中，为人们展现了一片悠悠田园的自然之境，让一些身处京城，但对纷乱生活充满疲惫，追求清新自然居住品质的人群充满了向往，由此也提升了房产的知名度，让对原生态生活充满兴趣的人跃跃欲试，产生购买倾向。

2. 互动营销，搭建信息平台

一处房产从开发到入住需要很长一段时间，因此购房者对房产信息的关注度十分的频繁，而软文即是购房者了解楼盘项目详情的重要途径，例如项目的建设进度、促销信息等都可以通过软文发布出去。

另外，一些软文在网站媒体或者论坛发布之后，还能获得购房者的信息反馈，积极响应楼盘项目的一些活动，实现真正的互动营销。

几乎所有的房地产在楼盘推广期间都会组织一系列的活动，例如亲子活动、旅游活动、项目推介会等，通过对这些活动的宣传，借此赢得一批购房者的兴趣和关注，让人对楼盘产生信任度。

3. 大力宣传，打造知名品牌

对于万达、万科、卓正这类知名的地产商我们都不陌生，他们的兴起一是因为雄厚的实力，再者也是因为强有力的宣传，它们发展或者投资的每一个动态都能在第一时间宣传出去，被网民们所了解，比如我们在网络上搜索它们的名字就能看到一大批软文宣传，这就是它们的成功之处。现在很多人在听到一个项目是这些知名地产开发的时候，已经不再需要过多地去跟踪地产的建设详情，这也是这些地产知名度提升后的重要效应。

四、微博软文推广

微博软文推广就是写出一条简短的软文，在微博上获得很好的传播效果，到最后促成销售或达到一种目标。微博软文推广的要点如图12-13所示。

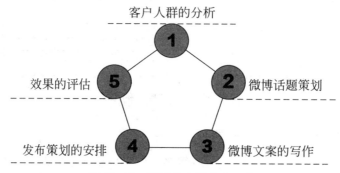

图12-13 微博软文推广的要点

1. 客户人群的分析

无论什么行业,微博推广的第一步就是需要先分析客户人群,看他们有着什么样的特征,他们会常去哪些地方,他们最关心的问题是什么,他们的偏好或者喜好是什么。

2. 微博话题策划

在话题策划上,可以借助热点话题来进行借势营销,也可以关注新浪微博话题风云榜,时常关注热门的话题,看自己的产品植入到哪个话题中去更合适一些。

营销指南 ▶▶▶

话题的分类不少,涉及社会、科技、情感、财经、公益等多个领域。其中公益是比较好切入进去的,因为公益是全民话题,人人都可以参与进去,参与门槛比较低。

3. 微博文案的写作

可以先设定一个预期目标,主要是转发数量、评论的内容,当然了做好文案也没那么简单,需要尽可能地从客户的角度去出发,设计得有趣味性一些,最好是可以互动的,用问答的形式来进行,这样就在无形之中提高了客户的信任度,增加了客户对本身产品或服务的黏性,等建立好信任之后,再一步步地去促进成交。

4. 发布策划的安排

这个跟自身账号有关系,如果自己的账号本身粉丝很少,没什么影响力和知名度,那么即使你发了一条很好的微博,也会没什么人来转发的,在这个时候就需要借力了,借助一些大V或者名人来转发推动一下,他们的粉丝基数大,覆盖人群也很广泛,受众多。这种方式就是用大号来带动小号的方式来推动整个流程了。

另外,可以安排部分朋友先来在下面评论进行预热一下,开始带个头,当网民看到有人来评论了,肯定也有部分人来跟风吧,从众效应让网民慢慢也就跟着热闹了起来。

5. 效果的评估

效果直接决定了最后的销售或结果,主要由以下几个指标来衡量效果:转发数、点赞数、评论数、链接点开数、购买转发率。

微博有没有人来转发,直接说明了传播的效果,有人愿意转发说明传播的效果更好，能够让更多的人看到这条微博内容；评论数也很重要，这是与客户来互动最好的方式了，不管客户是吐槽也好赞美也罢，你都能第一时间知道用户的反馈。

下面提供几份微博软文推广的范本，仅供参考。

范本一：远洋地产官方微博软文 ▶▶▶

#远洋播报#1月9日上午，远洋未来汇在天津惊艳亮相，将全新的生活理念带入滨海新区的人居生活之中，旨在以服务社区人群的未来汇不仅打破传统大型购物中心的运营模式，凝聚零售、餐饮、娱乐和休闲四大功能，更给社区邻里式生活带来全新体验。

范本二：万达广场官方微博软文 ▶▶▶

【她是迄今为止最颠覆的一座万达广场！到底长啥样，牛在哪？】今天跟大家介绍一个新伙伴，她的来头可不简单！她是迄今为止最高的万达广场，外观更霸气壮观，加上是万达首家O2O广场，简直就是超能实力派！她穿在身上的"流动大胶片"够时尚够前卫，那最能体现"原生态"的颠覆性体验式设计，简直不能更赞哦！管理君表示已被她迷得不要不要的了，不服气，你瞧。

万达广场 V

4月20日 17:20 来自 微博 weibo.com

【她是迄今为止最颠覆的一座万达广场！到底长啥样，牛在哪？】今天跟大家介绍一个新伙伴，她的来头可不简单！她是迄今为止最高的万达广场，外观更霸气壮观，加上是万达首家O2O广场，简直就是超能实力派~~她穿在身上的"流动大胶片"够时尚够前卫，那最能体现"原生态"的颠覆性体验式设计，简直不能更赞哦~管理君表示已被她迷得不要不要的了，不服气，你瞧~ 她是迄今为止最颠覆的一座万达广场！到底长啥... 收起全文

 范本三：龙湖地产官方微博软文 ▶▶▶

#冠寓# #VR# #样板间#

重庆龙湖 V

2月15日 17:39 来自 微博 weibo.com

#冠寓# #VR# #样板间#

昨天冠寓的VR样板间体验开放啦！小主们有去体验黑科技带来的全新看房方式吗？作为单身喵的小冠感受了一把，洗手间干湿系统、四重收纳系统、晾晒系统简直棒呆，绝对让你分分钟踢了自家房东！

没时间的小主也别急，扫描下方二维码在手机上也能看哟~

体验地址：龙湖冠寓销售中心

昨天冠寓的VR样板间体验开放啦！小主们有去体验黑科技带来的全新看房方式吗？作为单身喵的小冠感受了一把，洗手间干湿系统、四重收纳系统、晾晒系统简直棒呆，绝对让你分分钟踢了自家房东！

没时间的小主也别急，扫描下方二维码在手机上也能看哟！

体验地址：龙湖冠寓销售中心

五、微信软文推广

微信营销已经成为企业营销必备的手段，其中决定微信营销成败的往往是微信的内容，微信软文就是其中常见的一种形式，是根据产品的概念和特点进行深度分析，能够进一步引导阅读者进行消费的文字模式。

众所周知，一篇好的微信软文对消费者的心理引导作用是非常大的，所以在微信营销过程中占据着举足轻重的位置。如何写好微信软文，做好软文推广也是一个很重要的课题。微信软文写作方法如图12-14所示。

图12-14 微信软文写作方法

1. 标题要有吸引力

一篇微信软文好看不好看，首先我们看的就是标题，标题有没有吸引力，能不能抓住读者的眼球至关重要，特别是网络上的软文，没有吸引力的标题就没有点击率。

2. 封面标题美陪衬

通常推送文章图片和标题是相映衬的，用户看标题的时候也会关注图片，图片做到精致，用户关注度就高。图片的形象要与标题渗透的意思相符，这样才能两者完美结合，传达意境。

3. 摘要抓取好奇心

标题给力，让用户点击进来看文章，就成功了第一步。接下来就是摘要，很多微信运营者都不太重视摘要,直接就是文章,但是吸引人的摘要,足以让用户把整篇文章阅读完。摘要讲究简洁明了、概以全意、引发遐想点。

4. 内容相关价值高

其实图文编辑中,内容是最重要的。许多新用户关注你一方面是觉得文章与自己很相关,还有一种就是与自己不相关,但是却有价值意义,会吸引用户关注,进行分享。

5. 文章排版有新意

文章排版是很重要的,直接关系到用户是否愿意阅读下去。虽然现在越来越多的运营者排版上已无明显的差异,但是唯独缺少一些新意。所以,有新意的文章排版也很重要。

6. 超链直捣公众号加关注

可以说现在文章内可添加超链接,这就是一个完美的契机。你可以在图文下面直接带上微信公众号,然后添加超链,可直接进入公众号资料页,引导用户点击添加关注。这是最快捷的方式,当然你应该温馨地提醒下用户,让用户知道这个直接关注的超链,或者在其后添加二维码。

下面提供一份微信软文推广的范本,仅供参考。

范本:当父母老了,为他们准备一个安心的陪伴

俗话说"父母在,不远行",但随着时代发展变化,很多人不得不选择背井离乡外出打拼;时常一个人看着霓虹闪烁、川流不息的城市,才意识到我们终于都生了病,一种名叫 homesick 的病。

"父母亲,对于在外打拼的人而言,恐怕就像一栋旧房子,你住在它里面,它为你挡风遮雨。"在外地的我们,眷恋着父母这所"旧房子"带来的一切——包容和温暖,我们如此地爱他们,但却不知从何表达。

比如,我们很少留意到,

我们离开家的日子里,爸妈过着怎么样的生活……

A

他们更省了,为了给你攒首付

网友火星小精灵:大城市的房价噌噌地涨,我和男朋友因为买不起房子,婚期一拖再拖。爸妈知道后,拿出了所有的积蓄。看着那钱,我都想哭了,

十万块，是爸妈辛苦了这么多年，不舍得吃，不舍得穿，不舍得用，才攒下来的。今天因为女儿要买房，他们二话不说就把存折拿给我们。爸只说："女儿有大房子，我开心，要吃苦也要和女儿一起吃苦。"可他们以后养老怎么办？难道不吃不喝吗？这个钱我怎么能要！

B

"儿子，你别着急，爸爸老了，反应不过来了"

网友小球：印象中的老爸一直都是个能手，什么都难不倒老爸。直到有一天，在网上聊天时教他用微信，我给他讲了一遍，他没明白，我又讲了一遍，他还是没太懂，我补上一句"急死我了，半天都冒不出一句话……"。然后我看见屏幕上正在输入的提示停下了，过了很久，屏幕上冒出来一句"儿子，你别着急，爸爸老了，反应不过来了"。当时泪奔，恨不得抽自己两个耳刮子。

C

"儿啊，妈想你了，你回家看看我吧"

不久前，同事小王母亲因病去世了。在他母亲走前的这半年时间里，母亲总是打电话来说"儿啊，妈想你了，你回家看看我吧"。可小王整天开会加班，忙得焦头烂额，根本没工夫接电话，更别提请假回家了。直到后来，小王家里来的电话告诉他母亲去世了，他才知道这半年来母亲知道自己患了癌症将不久于人世，所以特别想再看看他，和他多说说话，只是现在一切都来不及了！

· · · ·

人生最怕的莫过于"树欲静而风不止，子欲养而亲不待。"我们享尽父母的宠爱，却未曾给过一丝回报；我们耗尽父母的青春，却留下了他们孤独的背影。作为子女的我们，不要等到来不及才追悔，陪伴是最长情的告白，给父母一个安心的家，陪着他们慢慢老去。

距市民中心约27公里，梅观高速直达，10年棠樾大成，千亩桃源大境正风华。318万元起即可入住装修四房，首付60万元起享装修两房。在深圳恶狠狠的房价面前，棠樾以低于深圳"上车价"的价格，给你与父母一处望山傍水的桃源家。

让我们把生活放慢一点，等父母、问问冷暖，就像我们小时候，他们对我们一样。下班后陪着两老在麒麟湖畔散散步，聊聊天，聊一聊父母年轻时的故事；或者沏盏茶与父亲一起在河边柳树下钓鱼，等着夕阳慢慢淡去，才依依不舍地回家。生活在棠樾，不必太刻意便可让父母享受晚年之趣。